# Perl para Geocientíficos

Dorian Oria San Martín

ISBN: 978-1-4907-0934-5 (sc)
ISBN: 978-1-4907-0935-2 (e)

Library of Congress Control Number: 2013913155

*Trafford rev. 07/19/2013*

 www.trafford.com

North America & international
toll-free: 1 888 232 4444 (USA & Canada)
fax: 812 355 4082

# Contenido

# Anexos

A las mujeres que me acompañan: Shakti Ma, Anama, Blanca Estela, Coralí, Jolda

A las mujeres que me acompañaron: Daisy, Enriqueta, Carolina

A los que se fueron y a los que se quedaron

A los que han sido buenos conmigo y a los que no

A mis hijos Víctor, Valentina y Surya

A la vida!

# A modo de otra introducción

Este libro lo comencé a escribir en el año 2008, en idioma inglés, durante las noches en las que ya estaba desocupado de mis actividades como jefe de control de calidad de un levantamiento sísmico marino. Me quedaba hasta bien entrada la madrugada escribiendo, que es mi mejor momento para hacerlo. Esa primera versión en inglés estuvo casi terminada en 2009, hasta que la muerte de la que entonces era mi primera esposa significó para mí la interrupción de un montón de proyectos, entre ellos este libro.

No fue sino hasta que hice un taller de constelaciones familiares con Ramón Resino que retome la idea de terminar el libro, para "honrar mi profesión", como me sugirió Ramón. Dije que si, pero aún así se postergó su culminación...

Ese taller fue en 2011 y finalmente me dispuse en 2013 a terminarlo, más como una especie de cerrar ciclos que porque tuviera verdadero interés en terminarlo. Lo bonito de todo esto es que cuando retomé el proyecto, me encariñé de nuevo con él y terminé disfrutándolo mucho.

Retomando lo de "honrar mi profesión", aproveché de honrar también mi lengua y decidí reescribirlo en castellano. Mucha literatura técnica se escribe en inglés y en castellano mucho de lo que hay es traducido principalmente del inglés.

Perl también cambió significativamente desde que escribí la primera versión del libro. Hubo una buena parte de los scripts que tuve que reescribirlos, ya que Perl Tk cambió a Perl Tkx y muchos de los módulos de aquel entonces desaparecieron y no se ha escrito nada semejante para la nueva versión.

De cualquier manera, reescribir el libro en castellano me permitió verificar que los scripts estuviesen funcionando sin errores y algunos de ellos quedaron mejor explicados (creo yo) que en la versión en inglés.

Ahora pienso que fue bien osado de mi parte escribirlo en inglés, cuando esa no es mi lengua nativa. Pero aquí está finalmente el libro y espero que sea de gran ayuda para ti.

Quiero expresar mi más profundo agradecimiento a mi esposa Ana María Barrera Sánchez, quien me estuvo motivando constantemente a terminar el libro. Cuando lo terminé, sentí que estaba más alegre que yo. Aún no me lo creía.

Agradezco también a mis maestros espirituales, de quien recibo energía e inspiración para hacer lo que hago. No tengo la menor duda de que todo esto, a pesar de lo terrenal que pueda parecer, proviene de ellos.

# Parte I.
# Introducción

# Capítulo 1

## 1.1 Breve historia de Perl

Perl, acrónimo para *Practical Extraction and Report Language*, es un lenguaje de programación interpretado, diseñado por Larry Wall, quien liberó la primera versión en 1987 a través del grupo de noticias (*newsgroup*) comp.sources.misc.

Perl toma características del lenguaje C, del lenguaje interpretado bourne shell (sh), AWK, sed, Lisp y, en un grado inferior, de muchos otros lenguajes de programación (http://es.wikipedia.org/wiki/Perl) Estructuralmente, Perl está basado en un estilo de bloques como los del C o AWK y fue ampliamente adoptado por su destreza en el procesado de texto y no tener ninguna de las limitaciones de los otros lenguajes de script.

La última versión de Perl fue liberada en 1994. En esta versión el intérprete fue reescrito completamente y se introdujeron mejora tales como referencias, módulos, objetos y paquetes. Desde entonces, versiones menores de Perl han aparecido y la más actualizada, para el momento en el que este libro se escribe, es la 5.16.x. Esta versión es la utilizada para la ejecución de los *scripts* que se describen en este libro.

El 26 de octubre de 1995, se creó el *Comprehensive Perl Archive Network* (CPAN). CPAN es una colección de scripts y módulos. Originalmente, cada sitio CPAN debía ser accedido a través de su propio URL; hoy en día, http://www.cpan.org redirecciona automáticamente a uno de los cientos de repositorios espejo de CPAN. Se dispone de módulos para una amplia variedad de tareas, incluyendo matemáticas avanzadas, conectividad de bases de datos y conexión de redes. Esencialmente, todo lo que hay en CPAN está disponible de forma libre (http://es.wikipedia.org/wiki/CPAN) La mayor parte del software está licenciado bajo la Licencia Artística, la GPL o ambas. Cualquiera puede subir software a CPAN vía PAUSE, el *Perl Authors Upload Server* (servidor de subidas de autores Perl)

## 1.2 Vistazo

Perl es un lenguaje de programación originalmente desarrollado para manipulación de texto y actualmente se utiliza para una amplia variedad de tareas, incluyendo administración de sistemas, desarrollo web, programación de redes, desarrollo GUI (*Graphical User Interface* - Interfaz Gráfica de Usuario) y mucho más.

La intención de Perl es que sea práctico (fácil de usar, completo), en lugar de hermoso (pequeño, elegante, minimalista) Sus mejores características incluyen soporte para múltiples paradigmas de programación (procedimientos, orientado a objetos, estilos funcionales), soporte para procesamiento de texto y una gran colección de módulos hechos por terceros.

## 1.3 Características

En general, la estructura de Perl proviene ampliamente de C. Perl es procedimental en su naturaleza, con variables, declaraciones de asignación, bloques de código encerrados en corchetes, estructuras de control y subrutinas.

Perl también toma características de la programación *shell*. Todas las variables son marcadas con un Sigilo precedente (*Sigil*, en inglés). Los sigilos identifican inequívocamente los nombres de las variables, permitiendo a Perl tener una rica sintaxis (como el signo $ delante de una variable para especificar números, caracteres, cadenas de texto, el signo @ para identificar arreglos, el signo % para especificar hashes). Notablemente, los sigilos permiten interpolar variables directamente dentro de las cadenas de caracteres (*strings*). Como en los *shell*, Perl tiene muchas funciones integradas para tareas comunes y para acceder a los recursos del sistema.

Otras características importantes son:

- Perl toma las mejores características de otros lenguajes de programación como C, *awk*, *sed*, sh y BASIC, entre otros.
- La interfaz para integración de bases de datos de Perl soporta bases de datos como *Oracle, Sybase, Postgres, MySQL* y otros.
- Perl trabaja con HTML, XML y otros lenguajes de anotaciones.
- Soporta *Unicode*.
- Es Y2K compatible.
- Soporta programación basada en procedimientos y orientada a objetos.
- Puede interactuar con librerías externas en C/C++ a través de XS o SWIG.
- Es extensible. Hay más de 100 mil módulos hechos por terceros disponibles en CPAN.
- El intérprete puede ser incorporado (*embedded*) en otros sistemas.

## 1.4 Recursos

Me gusta trabajar con la versión de Perl disponible en *ActiveState* (http://www.activestate.com/) Allí se pueden encontrar versiones ya compiladas de Perl para Unix, Linux, Solaris, Windows y Mac. Adicionalmente tienen muchísimos módulos ya compilados listos para usar.

En el sistema operativo de Mac, Unix y Linux ya viene instalado Perl por defecto. Sin embargo, esta versión no viene lista para la programación de interfaces gráficas. Es por ello que es recomendable instalar otra versión de Perl, en particular recomiendo la que mantiene *ActiveState* que es la más completa que conozco. No es necesario eliminar la que ya viene instalada. Una vez instalada la nueva versión, es necesario crear el archivo *.bash_profile* (o editarlo) que se encuentra en el directorio *home* (*home directory*)

Al archivo deben agregársele las siguientes líneas:

```
PATH=/usr/local/ActivePerl-5.16/bin:$PATH

PATH=/usr/local/ActivePerl-5.16/site/bin:$PATH

export PATH
```

Este archivo, por ser del sistema, no se muestra visible cuando se hace un listado de archivos (con el comando **ls** por ejemplo)

En este caso, la versión instalada es la 5.16 (véase en las líneas 1 y 2 que aparece la palabra ActivePerl-5.16) Es necesario verificar que en efecto, la nueva versión de Perl haya quedado instalada según se muestra en el código anterior.

Para que los cambios tengan efecto de inmediato, se ejecuta desde la línea de comandos:

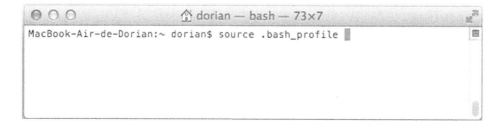

**Figura 1.1.** Ventana de comandos en Mac mostrando el comando a ejecutar para aplicar los cambios hechos al archivo *.bash_profile.*

En el sistema operativo Windows no viene instalado Perl, por lo que la creación del archivo *.bash_profile* no aplica. La instalación de Perl en Windows automáticamente agrega las variables necesarias al PATH para que este disponible desde cualquier lugar dentro del sistema.

## 1.5 IDE's (entornos de desarrollo integrado) para PERL

Es posible escribir código en Perl usando un editor de texto como TextEdit (Mac), notepad o wordpad. Sin embargo, es posible encontrar varios programas conocidos como IDE (entornos de desarrollo integrado), que no son más que editores de texto especiales que reconocen la sintaxis de un lenguaje de programación. Algunos de ellos son libres y otros hay que pagar por su uso. A continuación se mencionan algunos muy Buenos que son libres de cargo:

### 1.5.1 Editores para Windows

Los siguientes editores sólo están disponibles para Windows:

#### Open Perl IDE

Este es una de los mejores IDE para hacer scripts en Perl. Esta disponible para Windows y se puede descargar desde http://open-perl-ide.sourceforge.net.

#### Perl Express

Otra interesante IDE es Perl Express. Está disponible en versión para Windows y se puede descargar desde http://www.perl-express.com/.

**Notepad++**

Este es mi editor favorito para hacer scripts en Windows. Está disponible en http://notepad-plus-plus.org/

### 1.5.2 Editores multiplataforma

Los siguientes editores están disponibles para Windows, Linux y Mac:

**Padre**

Está disponible en http://padre.perlide.org/. La versión para Mac aún no es estable completamente.

**Komodo**

Esta IDE es desarrollada por *ActiveState* y está disponible en http://www.activestate.com/komodo-edit/downloads.

## 1.6 Ejecutar un script.

Hay algunas IDE que permiten ejecutar los *scripts* directamente. Sin embargo, también pueden ser ejecutados desde una ventana de comandos como la que se muestra en la figura 1.2. En este caso se trata de una *command prompt* de Windows.

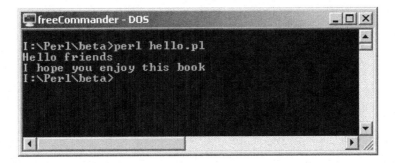

**Figure 1.2.** Ejecutando un script desde una ventana de comandos de Windows.

## 1.7 Links de interés

http://www.perl.org/

http://en.wikipedia.org/wiki/Perl

http://www.perl.com/

http://www.tkdocs.com

http://www.activestate.com/activeperl

## 1.8 Script de este libro

Los scripts de este libro estarán disponibles en la página web: www.geoscience4all.com. También puede escribir directamente al autor: dorian@geoscience4all.com.

# Parte II.
# Revisando lo básico

# Capítulo 2
# Tipos de variables y operadores

## 2.1 Introducción

Aun cuando se asume que el lector tiene un conocimiento básico de Perl, se dará una explicación breve acerca de los aspectos que se consideran más importantes para hacer aplicaciones simples y poderosas.

## 2.2 Tipos de variables

### 2.2.1 Escalares

Un escalar representa un simple valor que puede ser una cadena (*string*), un entero (*integer*) o un número de coma flotante (*floating point number*) A diferencia de otros lenguajes como C, en Perl no es necesario declarar el tipo de variable. No importa si estamos hablando de un entero, doble, real, booleano, etc., Perl automáticamente hace la conversión entre ellos en la medida en que se requiera.

Ejemplo de escalares:

*$a=25;*

*$text1="Esto es un ejemplo de una cadena";*

*$text2='Este es otro ejemplo de cadena';*

Lo importante es recordar que el nombre de las variables debe comenzar con el signo $.

### 2.2.1.1 Cadenas

Una cadena es una secuencia de caracteres puestas juntas como una unidad. Las cadenas pueden ser de cualquier longitud y contener cualquier carácter, número, signo de puntuación, carácter especial (como por ejemplo ¡, #, %), incluyendo caracteres en otros lenguajes además del inglés. Adicionalmente, una cadena puede contener caracteres especiales ASCII de formateo como "nueva línea" (*new line*) o tabulador (*tab*) En Perl, las cadenas deben ser encerradas entre comillas simples o dobles como por ejemplo 'hola a todos' o "hola a todos". Veamos el siguiente ejemplo:

*Script 2.1*

```
1  $a='hello everybody';
2  $b="hello everybody";
3  print "$a\n$b\n";
```

En este ejemplo, la salida se verá tal como se muestra en la figura 2.1.

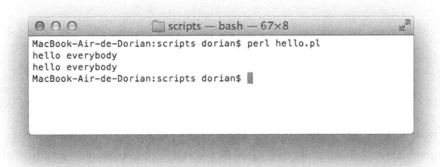

**Figura 2.1.** Salida del script 2.1.

Tal como puede notarse, la salida en ambos casos es la misma. Sin embargo, ahora haremos algunos cambios para ver las diferencias entre comillas simples y comillas dobles. Imagine por un momento que estamos interesados en escribir la expresión: hello 'everybody':

*Script 2.2*

```
1  $a='hello \'everybody\'';
2  $b="hello 'everybody'";
3  print "$a\n$b\n";
```

En este caso, el resultado de la ejecución del script puede verse en la figura 2.2

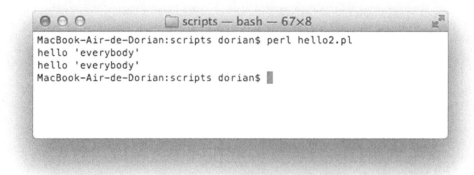

**Figura 2.2.** Salida del script 2.2.

Para poder introducir comilla simple en la construcción de la primera cadena, fue necesario incluir el carácter especial "\" (slash invertido), ya que estamos usando comillas simples para construir la frase. Podemos lograr la misma salida, usando comidas dobles para encerrar la expresión, sin necesidad de usar caracteres especiales.

Ahora veamos cómo escribir la expresión: hello "everybody". Observe los cambios hechos al script:

*Script 2.3*

```
1  $a='hello "everybody"';
2  $b="hello \"everybody\"";
3  print "$a\n$b\n";
```

La salida será como se muestra en la figura 2.3.

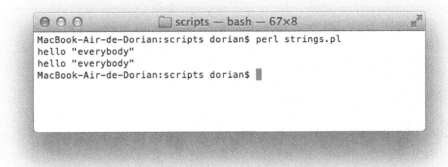

**Figura 2.3.** Salida del script 2.3.

Debido a que en Perl hay varios caracteres de escape, como los *tabs*, *enter*, espacios, etc., es necesario ser cuidadoso con su manejo.

Por ejemplo, en cadenas interpoladas de doble comilla, varias secuencias precedidas por el carácter "\" tienen un comportamiento diferente. La siguiente tabla muestra los usos más usos más comunes de estos:

**Tabla 2.1.** Algunas de las más comunes cadenas interpoladas de doble comilla.

| Cadena | Interpola como: |
|--------|-----------------|
| "\\" | Un simple "\" (slash invertido) |
| "\$" | Un simple carácter $ |
| "\@" | Un simple carácter @ |
| "\t" | Tabulador (*tab*) |
| "\n" | Carácter especial de nueva línea (*enter*) |
| "\a" | Alarma (Campana) |
| "\b" | *Backspace* |
| "\e" | *Escape* |

Veamos el siguiente script:

*Script 2.4*

```
1  print "Un backslash: \\\n";
2  print "Despues del tabulador:\tel cursor se posiciona aqui\n";
3  print "Ring! \a\n";
4  print "Donar a dorian\@eltigrecity.com \$20000.\n";
```

La figura 2.4 muestra la salida del script:

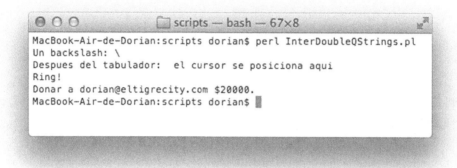

**Figura 2.4.** Salida del script 2.4

Otro aspecto importante que podemos ver cuando trabajamos con cadenas es que cualquier variable escalar es interpolada cuando se incluye dentro de comillas dobles. Esto significa que Perl reemplaza dentro de la cadena el valor de la variable.

Miremos el siguiente script:

*Script 2.5*

```
1  print "Indique por favor su año de nacimiento?\n";
2  $year=<STDIN>;
3  ($sec,$min,$hour,$mday,$mon,$Cyear,$wday,$yday,$isdst) = localtime time;
4  $currentYear=1900+$Cyear;
5  $age=$currentYear-$year;
6  $a="Hola";
7  $friend="querido lector";
8  print "$a $friend, tu edad aproximada es $age años\n";
```

Cuando se ejecuta el programa, la ventana luce como se muestra en la figura 2.5.

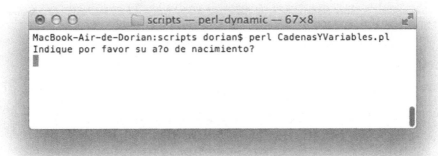

**Figura 2.5.** Script 2.5 esperando que el usuario introduzca información.

El programa está esperando que el usuario introduzca un valor, en este caso su año de nacimiento. Esto se logra gracias a la variable especial "STDIN". Esta variable recoge el valor introducido por el usuario después de presionar *enter* y se almacena en la variable $year (línea 2)

Después de introducir la información, el programa continúa su ejecución y el resultado final se muestra en la figura 2.6.

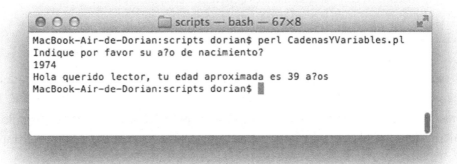

**Figura 2.6.** Resultado final de la ejecución del script 2.5.

El cálculo de la edad puede hacerse en la misma línea donde se imprime el resultado (línea 8 del script anterior) Veamos cómo quedaría el script con este cambio:

*Script 2.6*

```
1   print "Indique por favor su año de nacimiento?\n";
2   $year=<STDIN>;
3   ($sec,$min,$hour,$mday,$mon,$Cyear,$wday,$yday,$isdst) = localtime time;
4   $currentYear=1900+$Cyear;
5   $a="Hola";
6   $friend="querido lector";
7   print "$a $friend, tu edad aproximada es ".($currentYear-$year)." años\n";
```

Este script generará el mismo resultado que el script 2.5. Observe cuidadosamente la línea 7. El cálculo se ha hecho en la misma línea donde está la instrucción **print**. Sin embargo, para obtener el valor del cálculo, la operación debe ser encerrada en paréntesis. También es necesario usar un operador de concatenación, que en Perl es el punto ".". Como la operación se está haciendo directamente en la línea 7, no es necesario usar la variable $age que en el script 2.5 estaba en la línea 5, por lo que esa línea se eliminó. Sugiero que hagas la prueba por ti mismo, cambiando la línea 7 por la siguiente instrucción (en la cual se han retirado los paréntesis y el operador de concatenación.

print "$a $friend. tu edad aproximada es $currentYear-$year años\n";

### 2.2.1.2 Números

Perl tiene la habilidad de manejar tanto números enteros como de coma flotante en rangos bastante razonables. Hay tres formas básicas para expresar números en Perl. La forma más simple es escribir un valor entero, sin el punto decimal, como por ejemplo el número 35. Es posible escribir números con punto decimal (o coma), como por ejemplo 35.7.

La forma más compleja de escribir números es usando notación exponencial. Estos son números de la forma $a * 10^x$, donde "$a$" es algún número decimal, positivo o negativo y "$x$" es un entero, positivo o negativo. De esta forma es posible expresar números muy grandes o muy pequeños. Por ejemplo $1.3*10^6$ podría ser escrito en Perl: 1.3E6. $3.56*10^{-5}$ podría ser 3.5E-5.

Algo que es interesante resaltar en Perl es que, para facilitar la lectura, los números muy grandes pueden ser escritos como se muestra en el siguiente ejemplo:

235354729352 -> 235_35_47_29_352.

Demos un vistazo al siguiente script que muestra cómo se haría lo mostrado con el ejemplo anterior.

*Script 2.7*

```
1  $a=235_35_47_29_352;
2  print "$a\n";
```

El símbolo "_" hace que el número sea más fácil de leer.

La figura siguiente muestra la salida del script 2.7.

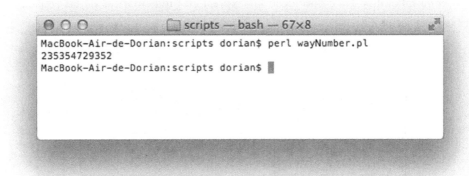

**Figura 2.7.** Resultado final de la ejecución del script 2.7.

## 2.3 Operadores

Hay una amplia variedad de operadores que funcionan sobre valores escalares y variables. Estos operadores nos permiten manipular escalares en diferentes formas. En esta sección se discute los operadores más comunes.

### 2.3.1 Operadores numéricos

Los operadores numéricos básicos en Perl son como otros que quizás hayas visto en otros lenguajes de alto nivel. De hecho, los operadores numéricos de Perl fueron diseñados para imitar aquellos usados en el lenguaje C. Para una mejor comprensión, demos un vistazo al siguiente script:

*Script 2.8*

```
1  $a=3.5*3-1;
2  $b=5*$a/6;
3  $c=(5**2)**3;
4  $d=($c-sqrt(5))**2;
5  $e=$a%6;
6  print "a = $a\nb = $b\nc = $c\nd = $d\ne = $e\n";
```

La próxima tabla muestra cómo lucen las expresiones matemáticas de las ecuaciones escritas en el script 2.8.

Tabla 2.2. Expresiones matemáticas y su equivalente en Perl.

| Expresión matemática | Expresión en Perl |
|---|---|
| $a = (3.5 * 3) - 1$ | $a=3.5*3-1 |
| $b = \dfrac{5 * a}{6}$ | $b=5*$a/6 |
| $c = \left(5^2\right)^3$ | $c=(5**2)**3 |
| $d = \left(c - \sqrt{5}\right)^2$ | $d=($c-sqrt(5))**2 |
| $e = int\left(\dfrac{a}{6}\right)$ | $e=$a%6 |

La figura 2.8 muestra la salida del script 2.8.

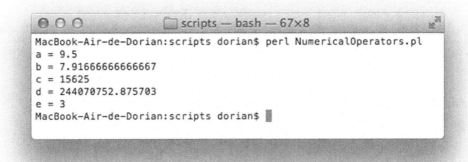

**Figure 2.8.** Salida del script 2.8.

Los operadores funcionan de forma similar a las reglas del álgebra. Cuando se usan los operadores hay dos reglas que se deben tener en cuenta: las reglas de precedencia y las reglas de asociatividad.

La precedencia involucra aquellos operadores que serán evaluados primero cuando la expresión es ambigua. Por ejemplo, considere la primera línea del script 2.8, la cual incluye la expresión 3.5*3-1. Dado que el operador de multiplicación "*" tiene precedencia sobre el operador de resta (-), la operación de multiplicación ocurre primero. Así, la expresión evalúa temporalmente 10.5 - 1 y finalmente evalúa 9.5. En otras palabras, la precedencia dicta cual operación ocurre primero.

En el caso de dos operaciones que tienen la misma precedencia, aparece la asociatividad. La asociatividad puede ser hacia la izquierda o hacia le derecha. Por ejemplo, en la expresión de la línea 2 del script 2.8: $b=5*$a/6, tenemos al operador "/" con el mismo nivel de precedencia que el operador "*". Perl necesita hacer una elección acerca del orden en el cual la operación será ejecutada. Para hacer esto, Perl usa la asociatividad. Dado que la multiplicación y la división son asociativas hacia la izquierda, la expresión funciona de izquierda a derecha, efectuando primero la evaluación 5*$a, es decir, 47.5/6 (recuerde que $a era 9.5) y entonces finalmente tendremos que el resultado es 7.9167.

Es necesario ser muy cuidadoso con el nivel de precedencia. Por ejemplo, la operación de exponenciación es asociativa hacia la derecha. Si se quitan los paréntesis en la expresión de la línea 3 del script 2.8, la respuesta sería diferente. Es decir:

| $c=(5**2)**3 | → | $c=5**2**3 |
|:---:|:---:|:---:|
| 15625 | | 390625 |

La salida del script, después de quitar los paréntesis en la instrucción de la línea 3 del script 2.8, se muestra en la figura 2.9.

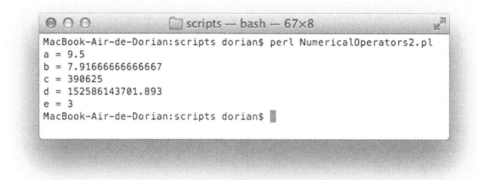

**Figura 2.9.** Salida del script 2.8, después de quitar los paréntesis en la línea 3.

Perl evalúa primero la expresión 2**3 y después 5**8. La próxima tabla muestra los operadores utilizados en el script 2.8

**Tabla 2.3.** Operadores y asociatividad.

| Operadores | Asociatividad | Descripción |
|:---:|:---:|:---:|
| ** | Derecha | Exponenciación |
| *,/,% | Izquierda | Multiplicación, división, módulo |
| +,- | Izquierda | Suma, resta |

Otro aspecto interesante que vale la pena destacar es la forma en que la instrucción *print* funciona con números fraccionados. Tal como se muestra en la figura2.9, el valor que se muestra para $b tiene un montón de valores decimales. La forma de tomar control del número de decimales que serán mostrados es usar la instrucción **printf**.

Para mostrar cómo funciona esta instrucción, haremos un pequeño cambio en el script 2.8.

*Script 2.9*

```
1   $a=3.5*3-1;
2   $b=5*$a/6;
3   $c=(5**2)**3;
4   $d=($c-sqrt(5))**2;
5   $e=$a%6;
6   print "a = $a\nb = ";
7   printf "%.3f",$b;
8   print "\nc = $c\nd = ";
9   printf "%.3f",$d;
10  print "\ne = $e\n";
```

La figura 2.10 muestra la salida producto de ejecutar el script 2.9.

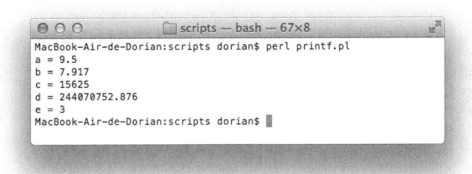

**Figura 2.10.** Salida del script 2.9.

## 2.3.2 Operadores de comparación

Debido a que Perl hace conversión automática entre cadenas (*strings*) y números, no es lo mismo comparar numéricamente dos números, por ejemplo, que comparar los mismos números como cadenas de valores ASCII.

## 2.3.2.1 Comparación numérica

Los operadores mostrados en la tabla 2.4 son usados para comparar dos números. Estos operadores son normalmente usados en algún tipo de declaración condicional que ejecuta un bloque de código o inicia un bucle.

**Tabla 2.4.** Operadores de comparación.

| Operador | Función |
|----------|--------------------|
| == | Igual a |
| != | Diferente de |
| > | Mayor que |
| < | Menor que |
| >= | Mayor o igual que |
| <= | Menor o igual que |

Considere el siguiente script.

*Script 2.10*

```
1   $a=1;
2   $b=2;
3   $c=$b-$a;
4   $igual=$a==$c;
5   $diferente=$a!=$b;
6   $MayorQue=$b>$a;
7   $MenorQue=$c<$b;
8   $MayorOIgualQue=$c>=$a;
9   $MenorOIgualQue=$c<=$a;
10  print "Igual = $igual \nDiferente = $diferente\nMayor que= $MayorQue \n".
11      "Menor que= $MenorQue \nMayor o igual que = $MayorOIgualQue \n".
12      "Menor o igual que = $MenorOIgualQue ";
```

Perl permite almacenar los resultados de la comparación en una variable. Si el resultado de la comparación es verdadero (*true*), entonces el valor resultante es 1. Caso contrario, la variable puede tomar cualquier valor.

En el script 2.10, todas las condiciones evaluadas son verdaderas. La figura 2.11 muestra el resultado de ejecutar el script.

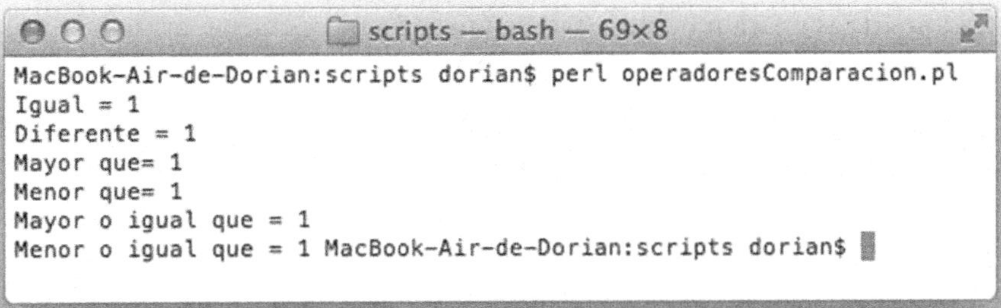

```
MacBook-Air-de-Dorian:scripts dorian$ perl operadoresComparacion.pl
Igual = 1
Diferente = 1
Mayor que= 1
Menor que= 1
Mayor o igual que = 1
Menor o igual que = 1 MacBook-Air-de-Dorian:scripts dorian$
```

scripts — bash — 69×8

**Figura 2.11.** Salida del script 2.10.

## 2.3.2.2 Comparación de cadenas

Esta comparación es similar a la numérica, pero funcionan con cadenas. La próxima tabla muestra estos operadores.

**Tabla 2.5.** Operadores de comparación de cadenas.

| Operador | Función |
|:--------:|---------|
| eq | Igual a |
| ne | No igual a |
| gt | Mayor que |
| lt | Menor que |
| ge | Mayor o igual que |
| le | Menor o igual que |

Dos cadenas son iguales si ellas son exactamente las mismas. Por ejemplo, "dorian" y "dorian" son iguales, pero "doria" y "dorian" no lo son.

Usted podría practicar con sus propios ejercicios sobre esto. Sin embargo, más tarde cuando estudiemos las estructuras de control, volveremos sobre estos temas.

### 2.3.3 Operadores de asignación.

Los operadores de asignación (tabla 2.6) desempeñan una operación aritmética y asignan el valor a la variable existente. En el script 2.11, a la variable $a se le asignó el valor 8. Usando operadores de asignación se reemplazará ese valor con un nuevo número, después de ejecutar algún tipo de operación matemática.

**Tabla 2.6.** Operadores de asignación.

| Operador | Definición |
|---|---|
| += | Suma |
| -= | Resta |
| *= | Multiplicación |
| /= | División |
| %= | Módulo |
| **= | Exponenciación |

*Script 2.11*

```
1   $a=8;
2   print "El primer valor de a es $a\n";
3   $a+=7;
4   print "El nuevo valor de a es $a\n";
5   $a-=7;
6   print "El valor anterior de a era $a\n";
7   $a*=7;
8   print "El nuevo valor de a es $a\n";
9   $a/=7;
10  print "El valor anterior de a era $a\n";
11  $a%=7;
12  print "El nuevo valor de a es $a\n";
```

La figura 2.12 muestra la salida después de la ejecución del script 2.11.

**Figura 2.12.** Salida del script 2.11.

### 2.3.4 Auto-incremento y auto-decremento.

En Perl, los operadores de auto-incremento y auto-decremento funcionan de una forma casi idéntica a los operadores equivalentes en C, C++ o Java. El siguiente script muestra cómo funcionan.

*Script 2.12*

```
1  $a=5;
2  $a++;              #Esta expresión es la misma que $a=$a+1;
3  print $a;
4  $b=7;
5  $b--;              #Esta expresión es la misma que $b=$b-1;
6  print "\n$b\n";
```

La figura 2.13 muestra la salida del script 2.12

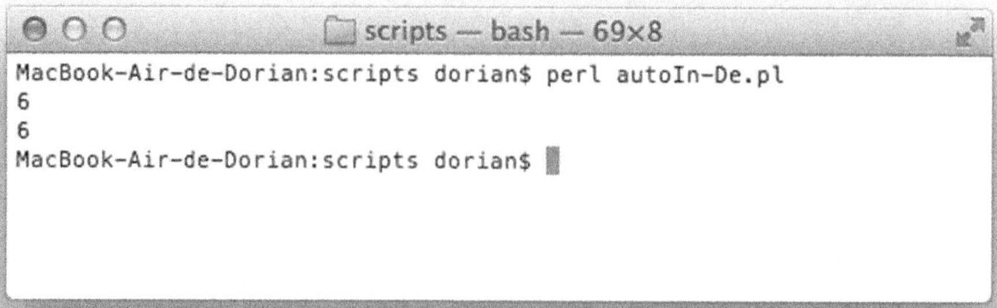

```
MacBook-Air-de-Dorian:scripts dorian$ perl autoIn-De.pl
6
6
MacBook-Air-de-Dorian:scripts dorian$ ▯
```

**Figura 2.13.** Salida del script 2.12.

Hagamos ahora algunos cambios, para ver un aspecto interesante de estos operadores.

*Script 2.13*

```
1  $a=5;
2  $c=$a++ +4;
3  print "$a\t$c";
4  $b=7;
5  $b--;
6  print "\n$b\n";
```

Preste atención a la línea 2. Cuál crees que será el resultado después de ejecutar este script? Observe la figura 2.14.

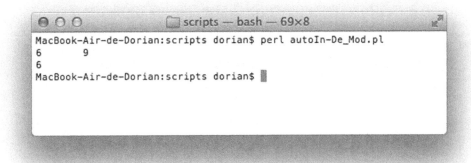

**Figura 2.14.** Salida del script 2.13.

El resultado era el que esperabas? Primero, Perl calculó el valor de $c, con el valor previo de $a ($a=5). Sin embargo, después de la línea 2, $a tendrá un nuevo valor.

### 2.3.5 Operadores de cadenas.

Los operadores de cadenas más comunes que Ud. verá son el de concatenación "." y el de duplicación "x". Observe el siguiente script para ver cómo funcionan.

*Script 2.14*

```
1  $a="Hola, ";
2  $b="que onda";
3  $c=$a x 3;
4  print $c.$b. "\n";
```

La figura 2.15 muestra la salida de este script.

**Figura 2.15.** Salida del script 2.14.

En la línea 3, el operador "x" hace que la cadena almacenada en $a se repita 3 veces. En la línea 4, se concatena (usando el símbolo ".") el valor de $c (Hola, Hola, Hola, ) con la cadena almacenada en $b.

# Capítulo 3
# Estructuras
# de Control

## 3.1 Introducción

Estas estructuras son usadas para decirle al algoritmo qué hacer si una condición (o varias) es (son) evaluada(s) como verdadera(s) (*true*) Estas condiciones podrían ser conocidas, de forma tal que se puedan delimitar las veces que el proceso deba ser repetido, o desconocidas, de forma tal que se haga necesario esperar a que una condición se presente para entrar en acción.

Veamos entonces las diferentes estructuras de control disponibles para entender más fácilmente. La recomendación es usar aquella (o aquellas) con las que se sienta más cómodo.

### 3.1.1 If-Else

En un flujo, si una condición (o varias) es (son) satisfecha(s), entonces determinadas instrucciones son ejecutadas. Veamos por ejemplo el siguiente script:

*Script 3.1*

```
1  $a=int(rand(10));
2  if ($a>3) {
3    print "$a es mayor que 3\n";
4  }
5  else {
6    print "$a no es mayor que 3\n";
7  }
```

Después de ejecutar el script un par de veces, se puede observar la siguiente salida:

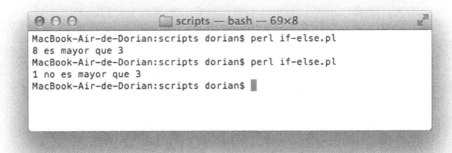

**Figura 3.1.** Salida del script 3.1.

En la primera línea, un valor entero aleatorio es asignado a la variable $a. El número 10 (dentro de los paréntesis de la función **rand**) indica que la función devolverá un valor no entero (fraccional) mayor o igual a cero y menor que 10. La función **int** (en la misma línea) devolverá la parte entera de este número. Si $a es mayor que 3, entonces se muestra un mensaje la forma: $a (con el valor que tiene asignado en la línea 1) es mayor que 3. El carácter especial "\n" al final del mensaje le indica a Perl que agregue una nueva línea (equivalente a cuando se presiona *enter*). Caso contrario, si $a no es mayor que 3, el script muestra el mensaje $a no es mayor que 3.

Nótese que, de forma de demostrar el desempeño del script, el script fue ejecutado al menos dos veces, de forma de obtener dos respuestas diferentes. Debido a que se está usando una función que genera números aleatorios, es posible que en el caso de que Ud. lo ejecute, deba hacerlo más de dos veces. Digamos que en nuestro caso tuvimos suerte. A continuación, veremos otra estructura de control que puede hacer esta tarea por nosotros.

**Importante !**

No es necesario tener una condición "de otra forma o caso contrario" (*else*) en la estructura de control **If-Else**. Podría usarse solamente la sentencia **if**. Por ejemplo, en el script 3.1 puede ser reducido a las 4 primeras líneas en caso de no haber interés en hacer algo con una condición diferente.

## 3.1.2 If-Elsif-Else

Esta estructura de control es usada cuando hay más de una condición posible que debe ser satisfecha e instrucciones adicionales que seguir. Por ejemplo:

*Script 3.2*

```perl
1   $a=int(rand(10));
2   if ($a == 6) {
3           print "Se cumple primera condición";
4   }
5   elsif ($a == 4) {
6           print "Se cumple segunda condición ";
7   }
8   elsif ($a == 5) {
9           print "Se cumple tercera condición";
10  }
11  else {
12    print "Ninguna condición se cumplió ";
13  }
14  print "\n$a\n";
```

En este script hay tres condiciones que son probadas: la primera se activa cuando $a es igual a 6 (línea 2) Algo que es importante destacar es que cuando se hace la pregunta sobre la igualdad, se utilizan dos símbolos "=" (véase la tabla 2.4) Esto es necesario cuando se comparan dos números.

La segunda opción es evaluada en la línea 5 y la tercera es evaluada en la línea 8.

La figura siguiente muestra la salida del script 3.2 después de ejecutarlo varias veces. Se hizo las veces que fue necesario hasta que alguna de las condiciones se cumplió.

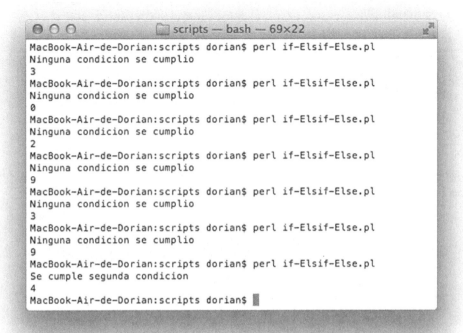

**Figura 3.2.** Salida del script 3.2.

**Importante !**

La condición **"Else"** se usa normalmente cundo se desea incluir todo el universo de posibilidades que nos están restringidas por las condiciones **If** o **elsif**.

### 3.1.3 Unless-Else

Esta estructura es la opuesta a **If-Else**. Es lo mismo que decir "Si la condición no es (!=)". En una estructura **If-Else** se evalúa una expresión verdadera (*true*), mientras que en una estructura **Unless-Else** se valida una expresión falsa (*false*) Mientras el valor es falso, se ejecutan las expresiones que están dentro del bloque. Vamos a probar el script 3.1 (**If-Else**), pero con la estructura descrita aquí:

*Script 3.3*

```
1  $a=int(rand(10));
2  unless ($a>3) {
3    print "$a no es mayor que 3\n";
4  }
5  else {
6    print "$a es mayor que 3\n";
7  }
```

La siguiente figura muestra la salida del script 3.3, después de haber sido ejecutado las veces necesarias para que se cumplieran las dos condiciones (una u otra)

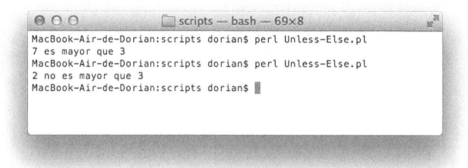

**Figura 3.3.** Salida del script 3.3.

Puede ver las diferencias? Otra forma obtener los mismos resultados es con el siguiente script, pero con una estructura **If-Else**.

*Script 3.4*

```
1  $a=int(rand(10));
2  if ($a<3) {
3    print "$a no es mayor que 3\n";
4  }
5  else {
6    print "$a es mayor que 3\n";
7  }
```

> **Importante !**
>
> Ud. debería usar la estructura que le sea más cómoda.

### 3.1.4 While

En el script 3.1, si queremos obtener un número mayor que 3, es posible que sea necesario ejecutarlo varias veces hasta conseguirlo. Con una estructura **while**, se puede obtener el número en una sola ejecución. Por ejemplo:

*Script 3.5*

```
1  while ($a<3) {
2    $a=int(rand(10));
3    $i++;
4  }
5  print "El valor $a se obtuvo después de $iteraciones\n";
```

Una vez se ejecuta el script, se obtiene una salida como la que se muestra en la figura 3.4

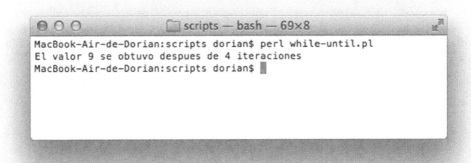

**Figura 3.4.** Salida del script 3.5.

En este caso, la condición $a>3 se cumplió después de 4 iteraciones. Algo interesante en este script es el concepto de contador que se ha introducido. En este caso el contador es la variable $i. La expresión $i++ es equivalente a decir $i=$i+1 (véase script 2.12) En este caso, el valor de $i se incrementa por uno, siempre que la condición $a>3 no se cumpla.

> ## Importante !
> Nótese que no fue necesario inicializar $i con el valor 0. Sin embargo, para facilitar la lectura del código es recomendable hacerlo.

### 3.1.5  Until

Esta estructura de control es la opuesta a **while**. El bloque de instrucciones se ejecuta mientras la expresión condicional es falsa (*false*) Veamos cómo se vería el script 3.5, utilizando esta estructura.

*Script 3.6*

```
1   until ($a>3) {
2     $a=int(rand(10));
3     $i++;
4   }
5   print "El valor $a se obtuvo después de $i iteraciones\n";
```

A diferencia del script "**while**", la palabra **while** fue cambiada por **until** y el carácter "<" fue cambiado por ">".

La salida del script 3.6 se muestra en la figura siguiente.

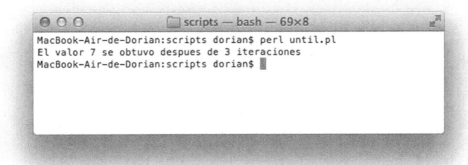

**Figura 3.5.** Salida del script 3.6.

## 3.1.6 Do-While-Until

A diferencia de las estructuras de control **while** y **until**, esta estructura de control se ejecuta al menos una vez. El siguiente script es un ejemplo del uso de esta estructura.

*Script 3.7*

```
1  do {
2    print "2x2 is: ";
3    $answer=<STDIN>;
4  } while ($answer!=4);
5  print "That's right\n";
```

La siguiente figura muestra la salida de este script.

```
● ○ ○                    scripts — bash — 69×8
MacBook-Air-de-Dorian:scripts dorian$ perl do-until.pl
2x2 is: 3
2x2 is: 5
2x2 is: 4
That's right
MacBook-Air-de-Dorian:scripts dorian$ ▉
```

**Figura 3.6.** Salida del script 3.7.

Se ha introducido una respuesta incorrecta de forma de ver como es el comportamiento del script. Debido a que las dos primeras respuestas no fueron las correctas, el script pregunta de nuevo. De acuerdo a la forma en cómo se programó el script, éste estará preguntando indefinidamente hasta que la respuesta sea la correcta. Claro, esto no tiene por qué ser así. Es posible introducir algunos cambios para evitar esto, como agregar un contador por ejemplo. Una forma no muy elegante sería usar Ctrl+C. Esto detendrá la ejecución del script. La figura 3.7 muestra qué pasa después que el programa es abortado.

```
● ○ ○                    scripts — bash — 69×8
MacBook-Air-de-Dorian:scripts dorian$ perl do-until.pl
2x2 is: 3
2x2 is: 5
2x2 is: ^C
MacBook-Air-de-Dorian:scripts dorian$ ▉
```

**Figura 3.7.** Abortando la ejecución del script 3.7.

El siguiente script hace lo mismo que el script 3.7, pero usando una estructura **do-until**.

```
1  do {
2    print "2x2 is: ";
3    $answer=<STDIN>;
4  } until ($answer==4);
5  print "That's right";
```

### 3.1.7 For-Next

Esta estructura de control es normalmente usada cuando se conocen las veces que un proceso debe ser repetido.

Por ejemplo, imagine que se desea calcular el área bajo la curva de la función mostrada en la figura 3.8, entre $x_0 = 1$ hasta $x_n = 29$. La ecuación de la curva es

$$f\left(x\right) = x^2 + 3$$

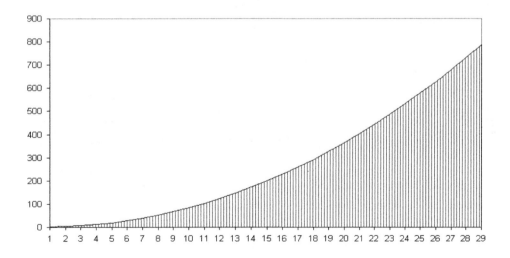

**Figura 3.8.** $f(x)=x^2+3$.

Para hacer esto, usaremos la siguiente ecuación (regla del rectángulo)

$$area = \frac{\left(x_n - x_0\right)}{n} \sum_{k=1}^{n} f\left(x_k\right)$$

Esta regla está basada en el hecho de que se usarán muchos rectángulos con base

$$ancho\ de\ la\ base = \frac{\left(x_n - x_0\right)}{n}$$

Esto significa que mientras más pequeño es el ancho de la base, mejor es la aproximación a la solución. La altura de cada rectángulo está dada por $f(x_k)$

Script 3.9

```
1   $x0=1;          # Límite inferior
2   $Xn=29;          # Límite superior
3   $n=300000;
4   $sum=0;
5   $x=$x0;
6   $anchoDeLaBase=($Xn - $x0)/$n;
7   for ($t=0;$t<$n;$t++) {
8     $x=$anchoDeLaBase + $x;
9     $sum=$sum+($x**2+3);
10  }
11  $area=$sum*$anchoDeLaBase;
12  print "Area = ";
13  printf "%.5f",$area;
14  print "\n";
```

Para entender mejor el script, hemos llamado a las variables de la misma forma que en las ecuaciones. La línea 1 contiene la variable que almacena el valor del límite inferior ($x0) La segunda línea contiene la variable para el límite superior ($Xn). La tercera línea es la cantidad de rectángulos que deseamos usar para estimar el área bajo la curva (esto significa, en términos de programación, las veces que deseamos que el ciclo **for-next** se repita) $sum en la línea 4 es la variable que permite calcular

$$sum = \sum_{k=1}^{n} f\left(x_k\right)$$

Aunque no es necesario, hemos inicializado la variable $sum a cero (línea 4) En la línea 5, la variable $x alimentará a la ecuación de la curva. En la línea 6 se calcula el ancho de cada rectángulo. En la línea 7 comienza la estructura de control. En Perl, a diferencia de Visual Basic por ejemplo, esta estructura no usa como condición final $t=$n. En Perl funciona como en C o C++, es decir, usa la condición $t<$n como condición final. Esta es la razón por la cual el primer valor de $t es cero. Luego, cuando veamos arreglos (*arrays*), veremos que los arreglos se indexan desde cero y no desde 1 como sucede en lenguajes como Visual Basic.

Según la ecuación, el primer valor a ser introducido en la ecuación debe ser $x_1$. Esta es la razón por la cual la variable $x fue inicializada con $x0 (línea 5) Cada valor de $x_k$ es generado en la línea 8 y la suma es hecha en la línea 9.

Finalmente, el área será el producto de $sum por $anchoDeLaBase.

> ## Importante !
>
> Se sugiere repetir el ejercicio con valores de $n menores que 300000 (1000 por ejemplo) Si Ud. recuerda cálculo infinitesimal, mientras más pequeño el rectángulo, mayor es la precisión (n⟶∞, Δx⟶0)

La siguiente figura muestra la salida del script 3.9.

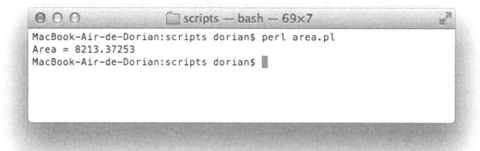

**Figura 3.9.** Salida del script 3.9.

---

**Importante !**

Otro aspecto interesante introducido en el script son los comentarios. Estos pueden ser agregado siempre que se precedan del signo "#". Todo lo que Perl vea en un línea después de este signo es tomado como comentario.

Un buen script debería ser comentado tanto como sea posible. Usualmente tenemos el conocimiento fresco durante la programación, pero después de cierto tiempo, si se desea usar el script (o una parte de el), podría no ser sencillo, debido a que se hace necesario recordar que hace el script. Así las cosas, si el script está comentado, entonces su reúso será más fácil.

---

### 3.1.8 Foreach

Esta estructura de control es muy interesante, debido a que en este caso no es necesario conocer el tamaño de un arreglo (*array*) para acceder a su contenido.

*Script 3.10*

```
1   @a=(1,2,3,4,5);
2   foreach $item (@a) {
3     print "$item ";
4   }
5   print "\n";
```

La salida de este script se muestra en la figura 3.10.

**Figura 3.10.** Salida del script 3.10.

En este ejemplo, tenemos un arreglo llamado @a. Este arreglo puede contener cualquier tipo de información y podrían ser cientos, incluso miles de elementos. $item funciona como variable temporal de cada elemento dentro del arreglo.

El script 3.10 puede ser reescrito como se muestra a continuación, teniendo como salida el mismo resultado mostrado en la figura 3.10.

*Script 3.11*

```
1  @a=(1,2,3,4,5);
2  foreach (@a) {
3    print "$a[$i] ";
4    $i++;
5  }
6  print "\n";
```

**Importante !**

Un ejercicio bien interesante sería reproducir el mismo resultado de los scripts 3.10 y 3.11, utilizando otras estructuras de control.

## 3.2 Instrucciones de control

### 3.2.1 Next

En algunos casos, durante la ejecución de un bloque de instrucciones, si una expresión no se desea que sea evaluada, la instrucción **next** es usada para saltarla y se continua con la siguiente iteración. Imagine por un momento que se quiere calcular una tabla de valores para la expresión *cos(a)/sin(a)*, con valores de a variando entre -5 y 5. La función *sin(a)* devuelve cero cuando *a* es cero. Así, el valor de la expresión no podrá ser calculado. En este caso, queremos saltarnos el cálculo cuando *a* sea cero. Veamos cómo sería el script.

*Script 3.12*

```
1   print "X Values\tY Values\n";
2   for ($i=-5;$i<6;$i++) {
3     next if ($i==0);
4     $value=cos($i)/sin($i);
5     $value=sprintf("%.3f",$value);
6     print "$i\t$value\n";
7   }
```

La salida del script se muestra en la figura 3.11. Tal como puede notarse en la figura, los cálculos se omitieron cuando el valor de *a* ($i en el script) era cero.

### 3.2.2 Last

Esta instrucción es similar a la instrucción **next**, pero el proceso no se salta, sino que se finaliza.

Para ejemplificar mejor esto, tomemos como base el script anterior y reemplacemos la instrucción **next** por la instrucción **last**.

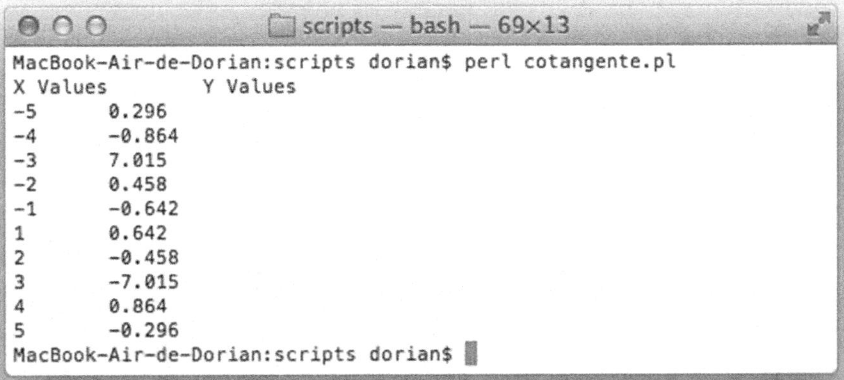

**Figura 3.11.** Salida del script 3.12.

*Script 3.13*

```
1   print "X Values\tY Values\n";
2   for ($i=-5;$i<6;$i++) {
3     last if ($i==0);
4     $value=cos($i)/sin($i);
5     $value=sprintf("%.3f",$value);
6     print "$i\t$value\n";
7   }
```

La salida de este script se muestra en la figura 3.12. A diferencia del script anterior, en este caso se detiene la ejecución del bloque de instrucciones dentro del ciclo **for-next** cuando la variable *a* ($i en el script) toma el valor cero.

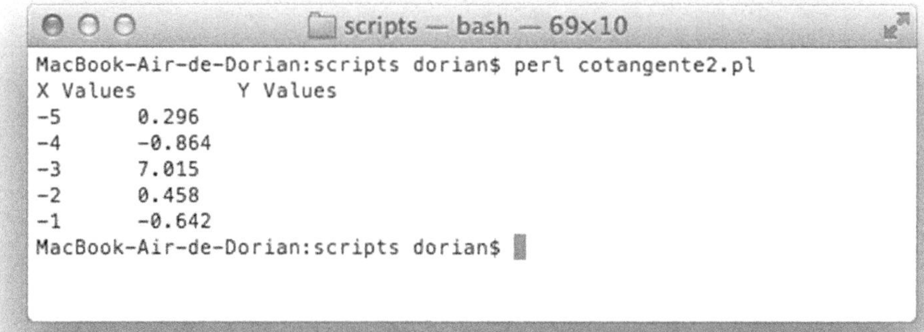

```
000                  scripts — bash — 69×10
MacBook-Air-de-Dorian:scripts dorian$ perl cotangente2.pl
X Values       Y Values
-5        0.296
-4        -0.864
-3        7.015
-2        0.458
-1        -0.642
MacBook-Air-de-Dorian:scripts dorian$ ▮
```

**Figura 3.12.** Salida del script 3.13.

## 3.3 Funciones matemáticas básicas

La siguiente tabla muestra un resumen de algunas funciones matemáticas básicas.

**Tabla 3.1.** Funciones matemáticas y su expresión en Perl.

| Expresión matemática | Expresión en Perl |
|---|---|
| $a = 5^2$ | $a=5**2 |
| $b = \sqrt{a}$ | $b=sqrt($a) |
| $b = \sqrt[n]{a}$ | $b=$a**(1/$n) |
| $c = \sin(a) + \cos(b)$ | $c=sin($a)+cos($b) |
| $b = \ln(a)$ | $b=log($a); |
| $b = \tan(a)$ | $b=tan($a) or $b=sin($a)/cos($a) |
| $b = e^a$ | $b=exp($a) |
| $b = |a|$ | $b=abs($a) |
| $b = int(a)$ | $b=int($a) |

La tabla anterior es sólo un resumen de las funciones matemáticas más importantes disponibles en Perl. Perl tiene muchas más y pueden ser consultadas en la ayuda disponible.

# Capítulo 4
# Arreglos y *hashes*

## 4.1 Arreglos (*arrays*)

Un arreglo en Perl es siempre una lista de escalares. Un arreglo puede contener cadenas, números y ambos simultáneamente. El siguiente script es un ejemplo de arreglo y muestra cómo acceder a cada uno de sus elementos.

*Script 4.1*

```
1  @array=(1,2,4,8.25,3,sin(3));
2  foreach $element (@array) {
3    print "$element\n";
4  }
```

En este ejemplo, el arreglo @array contiene números. La figura siguiente muestra la salida del script.

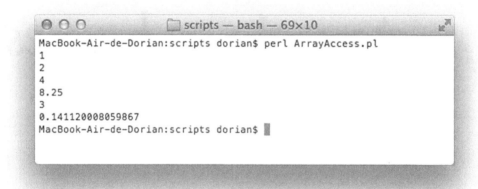

**Figura 4.1.** Salida del script 4.1.

**Importante !**

Nótese el uso del símbolo @ para nombrar los arreglos.

**Importante !**

Nótese cómo también pueden expresarse números en términos de una función, como en el caso de seno(3), que en Perl es sin(3)

Algo que es necesario destacar es que en Perl los arreglos son indexados desde cero. Esto significa que el primer elemento de @array es $array[0]. Si se trata de asignar un arreglo a un valor escalar (véase línea 2 en el script 4.2), se obtendrá el tamaño del arreglo. Así, si se desea obtener el último valor de un arreglo, este será $array[longitud del arreglo - 1] Tomando como ejemplo el arreglo usado en el script anterior:

*Script 4.2*

```
1  @array=(1,2,4,8.25,3,sin(3));
2  $a=@array;                              # $a es la longitud del
   arreglo @array
3  print "El arreglo contiene $a elementos\n";
4  print "El primer elemento del arreglo es $array[0] \n";
5  print "El ultimo elemento del arreglo es $array[$a-1]\n";
```

La salida del script se muestra en la figura siguiente.

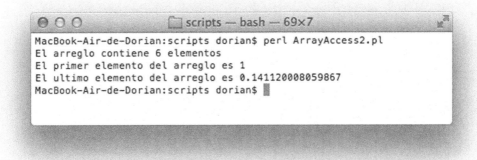

**Figura 4.2.** Salida del script 4.2.

Debido a que hay una forma de saber la longitud de un arreglo, entonces se puede acceder a cada elemento que hay en él utilizando una estructura de control **for-next**. El siguiente script muestra cómo hacerlo.

*Script 4.3*

```
1  @array=(1,2,4,8.25,3,sin(3));
2  $a=@array;
3  for ($i=0;$i<$a;$i++) {
4    print "El elemento ".($i+1)." del arreglo es $array[$i]\n";
5  }
```

La figura 4.3 muestra la salida de este script.

El script 4.4 muestra un arreglo que contiene cadenas y números simultáneamente.

*Script 4.4*

```
1  @array=("Hola ","a ","todos","\nEste es nuestro ",4,"to ejemplo de arreglos");
2  foreach $word (@array) {
3    print "$word";
4  }
5  print "\n";
```

```
● ○ ○              scripts — bash — 69×9
MacBook-Air-de-Dorian:scripts dorian$ perl ArrayAccess3.pl
El elemento 1 del arreglo es 1
El elemento 2 del arreglo es 2
El elemento 3 del arreglo es 4
El elemento 4 del arreglo es 8.25
El elemento 5 del arreglo es 3
El elemento 6 del arreglo es 0.141120008059867
MacBook-Air-de-Dorian:scripts dorian$
```

**Figura 4.3.** Salida del script 4.3.

La figura siguiente muestra la salida del script 4.4

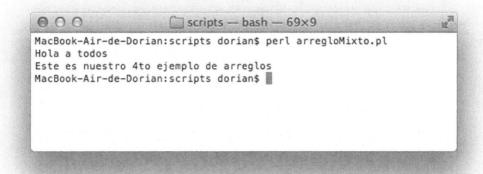

```
000              scripts — bash — 69×9
MacBook-Air-de-Dorian:scripts dorian$ perl arregloMixto.pl
Hola a todos
Este es nuestro 4to ejemplo de arreglos
MacBook-Air-de-Dorian:scripts dorian$
```

**Figura 4.4.** Salida del script 4.4.

Para mostrar los elementos de un arreglo, no necesariamente debe usarse una estructura de control. Veamos el siguiente ejemplo.

*Script 4.5*

```
1   @array=("Hola ","a ","todos","\nEste es nuestro ",4,"to ejemplo de arreglos");
2   print @array;
3   print "\n";
```

Tal como podrá observar después de ejecutar este script, la salida es la misma que la mostrada en la figura 4.4.

Una forma de eliminar las comillas en una lista es usando la instrucción **qw**. Tomemos el script 4.4 y cambiémosle la primera línea:

*Script 4.6*

```
1   @array=qw(Hola a todos, este es nuestro 4to ejemplo de arreglos);
2   foreach $word (@array) {
3     print "$word ";
4   }
5   print "\n";
```

La figura siguiente muestra la salida de este script.

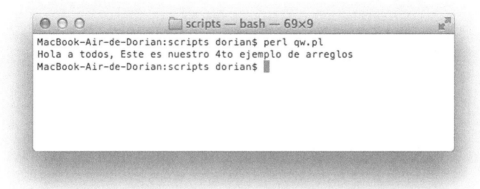

**Figura 4.5.** Salida del script 4.6.

Este método sólo funciona cuando se está tratando con selecciones de una sola palabra. **qw** es una instrucción que simboliza una lista de elementos con comillas delimitados por comas.

Si se desea asignar el primer valor de un arreglo a un escalar, la instrucción sería:

($primerElemento)=@array;

Dado que una variable escalar puede solamente almacenar una sola pieza de información, la variable tomará el primer elemento del arreglo automáticamente. Esto de ninguna forma cambiará los valores almacenados en el arreglo.

Para asignar los dos primeros elementos de un arreglo a variables escalares, la instrucción sería:

($primerElemento,$segundoElemento)=@array;

---

**Importante !**

Es importante el uso de los paréntesis en la instrucción anterior. Sin ellos, el script pasará la longitud del arreglo a la variable escalar ($firstElement=@array;).

---

Para crear una copia de un arreglo:

@array2=@array;

Para agregar un nuevo valor al comienzo de un arreglo, debe usarse la instrucción **unshift**:

**unshift**(@array, nuevoElemento);

El mismo efecto se puede lograr sin utilizar **unshift**:

@array=(nuevoElemento,@array);

Para agregar un nuevo valor al final del arreglo:

@array=(@array, nuevoElemento);

Para remover el primer valor de un arreglo se puede usar el comando **shift**:

**shift**(@array);

Se puede almacenar el valor a remover en una variable escalar al mismo tiempo:

$resultado=**shift**(@array);

Para remover el último elemento de un arreglo:

**pop**(@array);

Para remover el último elemento de un arreglo y almacenarlo en una variable escalar:

$resultado=**pop**(@array);

Para reemplazar un elemento específico en el arreglo:

$array[number]=$nuevoElemento;

Veamos en el siguiente ejemplo un resumen de todo esto.

*Script 4.7*

```
1    @array=qw/2 3 4 13 6 7 8/;
```

```
2    $length=@array;
3    ($primerElemento,$segundoElemento)=@array;
4    print "Elementos en \@array son: @array\nEl arreglo tiene $length
     elementos.\n";
5    print "El primer elemento del arreglo es: $primerElemento \n";
6    print "El segundo elemento del arreglo es: $segundoElemento \n";
7    @array2=@array;
8    print "El arreglo \@array2 es una copia del arreglo \@array\n";
9    unshift(@array,9);
10   print "Estos son los componentes de \@array despues de insertar el numero 9: @
     array al inicio del arreglo\n";
11   @array=(@array,1);
12   print "Estos son los componentes de \@array despues de insertar el numero 1 @
     array al final del arreglo\n";
13   $array[4]=5;
14   print "Estos son los componentes de \@array despues de cambiar 13 por el
     numero 5: @array\n";
15   print "Los elementos de \@array2 son: @array2\n";
16   $PrimerElemento=shift(@array2);
17   $UltimoElemento=pop(@array2);
18   print "Los elementos de \@array2 después de extraer $PrimerElemento y
     $UltimoElemento son: @array2";
19   print "\n";
```

La salida del script se muestra en la figura 4.6.

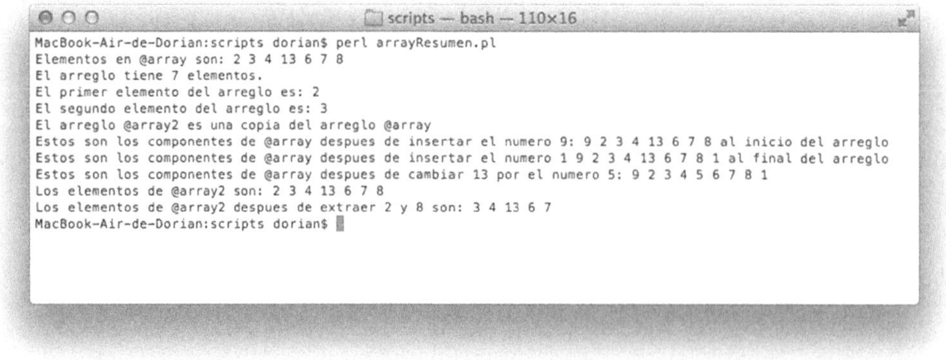

**Figura 4.6.** Salida del script 4.7.

Para ordenar un arreglo se usa la instrucción **sort**. Hay dos diferentes formas de usarlo. Veamos algunos de ellos.

Para ordenar un arreglo en orden ASCII (alfabético):

**sort**(@array);

Example:

*Script 4.8*

```
1   @array=("Dorian","Anama","Paula","Victor");
2   @arraySorted=sort(@array);
3   print "El arreglo original es: @array\n";
4   print "El arreglo ordenado es: @arraySorted";
5   print "\n";
```

La salida del script puede verse en la figura 4.7.

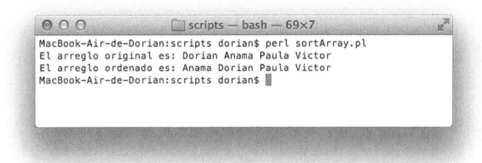

**Figura 4.7.** Salida del script 4.8.

Para ordenar un arreglo ASCII (alfabético) en orden inverso:

**sort** {$b **cmp** $a} (@array);

Ejemplo:

*Script 4.9*

```
1   @array=("Dorian","Anama","Paula","Victor");
2   @arraySorted=sort{$b cmp $a }(@array);
3   print "El arreglo original es: @array\n";
4   print "El arreglo ordenado es: @arraySorted";
5   print "\n";
```

La figura 4.8 muestra la salida después de la ejecución del script 4.9.

Para ordenar un arreglo numérico en forma ascendente:

**sort** {$a <=> $b} (@array);

El script 4.10 es un ejemplo de cómo hacer este ordenamiento.

Para ordenar un arreglo numérico en forma descendente:

**sort** {$b <=> $a} (@array);

El script 4.11 es un ejemplo de cómo hacer este ordenamiento.

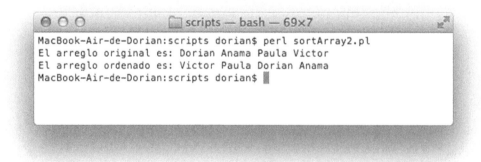

**Figura 4.8.** Salida del script 4.9.

*Script 4.10*

```
1   @array=(4,5.6,1,-0.6,12,5);
2   @arraySorted=sort{$a <=> $b }(@array);
3   print "El arreglo original es: @array\n";
4   print "El arreglo ordenado es: @arraySorted";
5   print "\n";
```

La figura 4.9 muestra la salida del script 4.10.

MacBook-Air-de-Dorian:scripts dorian$ perl numArraySort.pl
El arreglo original es: 4 5.6 1 -0.6 12 5
El arreglo ordenado es: -0.6 1 4 5.6 12
MacBook-Air-de-Dorian:scripts dorian$ █

**Figura 4.9.** Salida del script 4.10.

*Script 4.11*

```
1   @array=(4,5.6,1,-0.6,12,5);
2   @arraySorted=sort{$b <=> $a }(@array);
3   print "El arreglo original es: @array\n";
4   print "El arreglo ordenado es: @arraySorted";
5   print "\n";
```

La figura 4.10 muestra la salida del script 4.11.

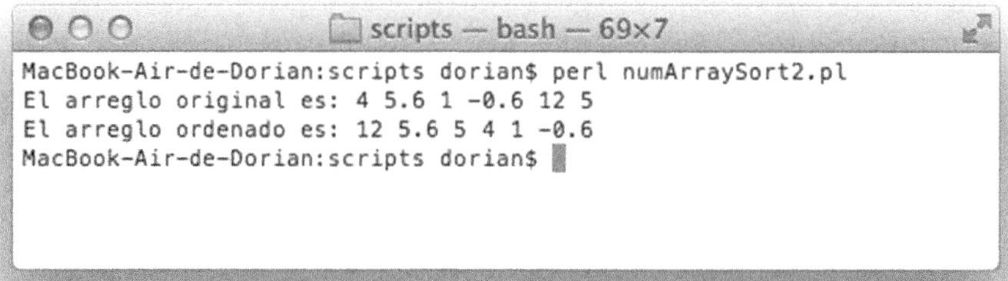

```
000                    scripts — bash — 69×7
MacBook-Air-de-Dorian:scripts dorian$ perl numArraySort2.pl
El arreglo original es: 4 5.6 1 -0.6 12 5
El arreglo ordenado es: 12 5.6 5 4 1 -0.6
MacBook-Air-de-Dorian:scripts dorian$ ▊
```

**Figura 4.10.** Salida del script 4.11.

Para invertir el orden de los elementos en un arreglo:

**reverse**(@array);

El script siguiente es un ejemplo de cómo usar este comando.

*Script 4.12*

```
1  @array=(1,2,3,4,5,6,7,8,9);
2  @arrayReverse=reverse(@array);
3  print "El arreglo original es: @array\n";
4  print "El arreglo reordenado es: @arrayReverse";
5  print "\n";
```

La figura 4.11 muestra la salida del script 4.12.

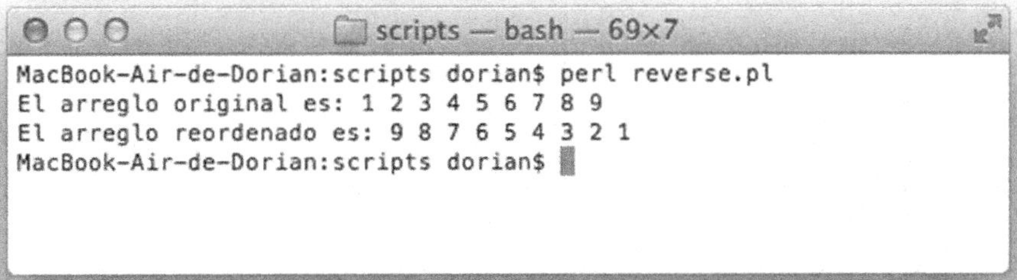

```
○ ○ ○              scripts — bash — 69×7
MacBook-Air-de-Dorian:scripts dorian$ perl reverse.pl
El arreglo original es: 1 2 3 4 5 6 7 8 9
El arreglo reordenado es: 9 8 7 6 5 4 3 2 1
MacBook-Air-de-Dorian:scripts dorian$ 
```

**Figura 4.11.** Salida del script 4.12.

## 4.2 Hashes (arreglos asociativos)

Un *hash* representa un conjunto de pares clave/valores (*key/vakues*) Cada par de valores en un hash representa una clave y su correspondiente valor. Por ejemplo:

%hash=("dorian",38,"anama",28,"victor",9,"paula",6);

Este hash representa los miembros de mi familia y sus correspondientes edades. Si deseo tener acceso a la edad de mi hijo, escribo:

$hash{"victor"}, donde "victor" es la clave. Veamos el siguiente ejemplo:

*Script 4.13*

```
1  %hash=("dorian",38,"anama",28,"victor",9,"paula",6);
2  @keys=keys(%hash);
3  foreach $element (@keys) {
4    print "$element tiene $hash{$element} años\n"
5  }
6  print "\n";
```

La figura siguiente muestra la salida de este script.

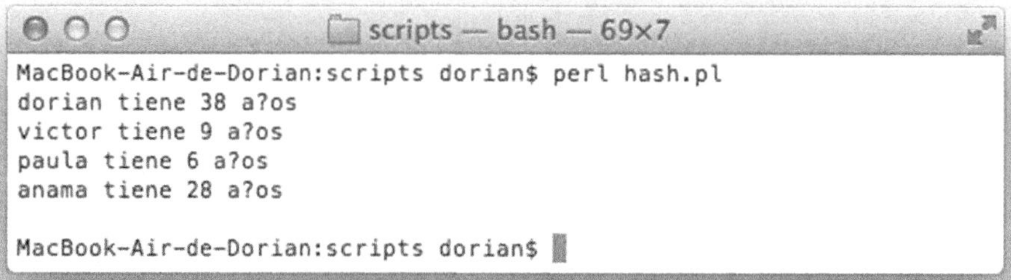

**Figura 4.12.** Salida del script 4.13.

Una de las diferencias más importantes entre hashes y arreglos es que mientras en un arreglo la "clave" (*key*) es la posición de un elemento dentro del arreglo, para acceder a un elemento dentro de un hash es más importante conocer su clave.

Tal como pudo notar en el script anterior (línea 2), fue posible hacer un arreglo con las claves usando la instrucción **keys**. Lo mismo puede hacerse para obtener los valores, con la instrucción **values**. Veamos el siguiente ejemplo:

*Script 4.14*

```
1   %hash=("dorian",38,"anama",28,"victor",9,"paula",6);
2   $i=0;
3   @keys=keys(%hash);
4   @values=values(%hash);
5   foreach $element (@keys) {
6     print "$element tiene $values[$i] años\n";
7     $i++;
8   }
9   print \"n";
```

La salida de este script se muestra en la figura 4.13.

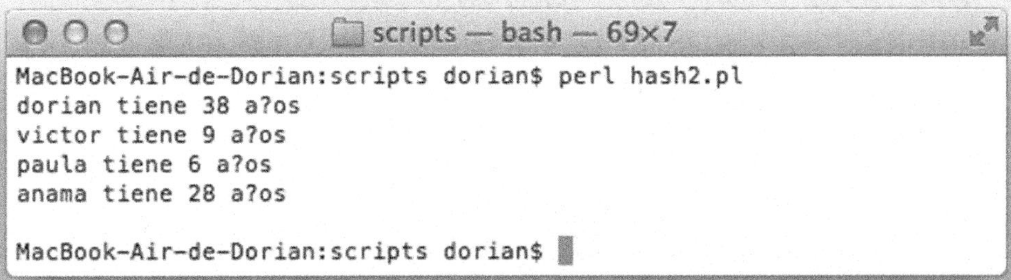

```
MacBook-Air-de-Dorian:scripts dorian$ perl hash2.pl
dorian tiene 38 a?os
victor tiene 9 a?os
paula tiene 6 a?os
anama tiene 28 a?os

MacBook-Air-de-Dorian:scripts dorian$
```

**Figura 4.13.** Salida del script 4.14.

Si se desea cambiar un valor de un hash, puede hacerse usando la siguiente instrucción:

$hash{dorian} = 25;

En caso de que se desee agregar un par de datos al hash, se puede usar una expresión similar a la de reemplazo, con la diferencia de que la clave debe ser diferente:

$hash{surya} = 0;

El siguiente ejemplo muestra cómo se comportaría el script después de los dos cambios descritos anteriormente.

*Script 4.15*

```
1   %hash=("dorian",38,"anama",28,"victor",9,"paula",6);
2   $hash{surya}=0;
3   $i=0;
4   @keys=keys(%hash);
5   @values=values(%hash);
6   foreach $element (@keys) {
7     print "$element tiene $values[$i] años\n";
8     $i++;
9   }
10  print \"n";
```

```
11  $hash{dorian}=25;
12  print "Ahora, Dorian tendra $hash{dorian} años\n";
```

La figura siguiente muestra la salida de este script.

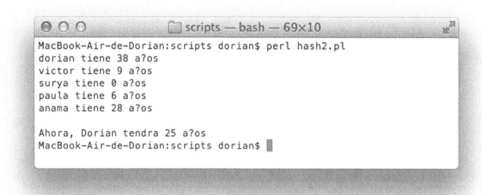

**Figura 4.14.** Salida del script 4.15.

Nótese como hemos agregado a un nuevo miembro de la familia después (línea 2). Para el momento de escribir esto, Surya está en la barriga de mamá, a pocos días de nacer.

Si por el contrario, se desea quitar un par del hash, se puede usar la siguiente instrucción:

**delete** $hash{dorian};

Si se desea eliminar todo el hash, se usa la instrucción **undef** de la siguiente forma:

**undef** %hash;

Si por el contrario, se desea "vaciar" al hash, es decir, eliminar todos sus elementos, pero aún conservar las variable %hash, puede hacerse de la siguiente forma:

%hash = ( ); #el espacio entre los paréntesis se dejó a propósito para facilitar la lectura.

# Capítulo 5
# Manipulando archivos de texto

## 5.1 Archivos de texto

Creo que la forma más fácil de comprender esto es usando un ejemplo. Primero, vamos a crear un archivo de texto usando cualquier editor de texto (como notepad, por ejemplo) Agregue las siguientes líneas:

Esta es la primera línea.
Esta es la segunda línea.
Esta es la tercera línea.
Esta es la última línea.

Al finalizar, su archivo de texto debería lucir parecido a como se muestra en la figura 5.1.

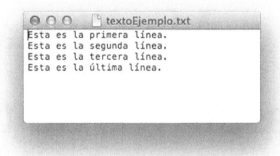

**Figura 5.1.** Archivo de texto.

## 5.2 Acceso sólo lectura

Una vez preparado el archivo de texto, use el siguiente script para leer la información contenida en él.

*Script 5.1*

```
1   open (IN, textoEjemplo.txt);
2   $line=<IN>;
3   while ($line) {
```

```
4    print "$line";
5    $line=<IN>;
6    }
7    print "\n";
7    close IN;
```

En la primera línea se abre para sólo lectura el archivo "textoEjemplo.txt". Tal como puede notarse, no se ha indicado la ruta completa (*path*) de ubicación del archivo. Esto no es necesario cuando el script se ejecuta en el mismo directorio donde está el archivo que se desea leer. La palabra "IN" es un manejador de archivo. En lugar de "IN" pudo haber usado otro nombre. Algo que recomiendo es que el nombre le de pistas sobre la información que contiene. También es usual en programación que para este nombre siempre se usen mayúsculas.

Debido a que el acceso al archivo de texto se hace línea por línea, la instrucción que está en la segunda línea del script indica que cada línea leída será asignada a la variable $line.

La tercera línea en el script significa algo así como: mientras $line no esté vacía... Todas las instrucciones entre "{" y "}" son consideradas parte de la estructura de control **while**. De manera que mientras $line tenga un valor diferente de vacío (*empty*), muestre en pantalla el valor de $line y asigne a $line el contenido de la próxima línea dentro del archivo ($line=<IN>)

La línea 5 garantiza que Perl puede leer el archivo completo.

Finalmente, con la instrucción **close** se cierra el archivo.

La figura 5.2 muestra la salida de este script.

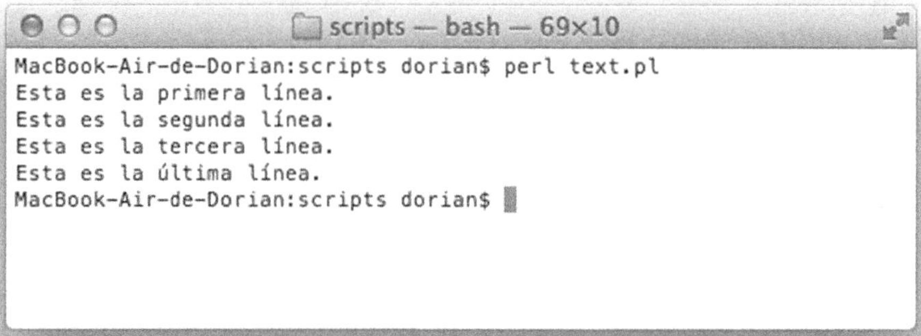

```
○ ○ ○              scripts — bash — 69×10
MacBook-Air-de-Dorian:scripts dorian$ perl text.pl
Esta es la primera línea.
Esta es la segunda línea.
Esta es la tercera línea.
Esta es la última línea.
MacBook-Air-de-Dorian:scripts dorian$ ▌
```

**Figura 5.2.** Salida del script 5.1.

El mismo script, pero con menos líneas:

*Script 5.2*

```
1   open (IN, 'textoEjemplo.txt');
2   while ($line=<IN>) {
3     print "$line";
4   }
5   close IN;
```

La salida lucirá como se muestra en la figura 5.2.

Debido a que se usa "*enter*" (representado por el carácter invisible "\n") después de cada línea para construir nuestro archivo textoEjemplo.txt, no es necesario agregar el carácter "\n" después de leer cada línea. Sin embargo, veamos el siguiente script, que es una modificación del anterior:

*Script 5.3*

```
1   open (IN,'textoEjemplo.txt');
2   while ($line=<IN>) {
3     chomp $line;
4     print "$line";
5   }
5   print "\n";
```

```
6   close IN;
```

La instrucción **chomp** le dice al intérprete de Perl que elimine el carácter "\n" si lo encuentra. Después de ejecutar este script, la salida luce como se ve en la figura 5.3.

**Figura 5.3.** Salida del script 5.3.

Veamos un ejemplo diferente cuya salida es casi la misma que la del script anterior.

*Script 5.4*

```
1   open (IN,'textlines.txt');
2   while ($line=<IN>) {
3     chop $line;
4     print "$line";
5   }
6   close IN;
```

La instrucción **chop** remueve el último carácter de cada línea, independientemente de cuál carácter se trata. En este ejemplo, debido a que el último carácter de cada línea es un "*enter*" ("\n") el resultado es casi el mismo, excepto por la última línea, en la cual no se usó el carácter especial "\n". En la figura 5.4 se puede apreciar la salida del script.

Nótese cuidadosamente que en la última línea falta el punto. Esto es porque como se mencionó, **chop** remueve el último carácter. En la construcción del archivo de texto, no se presionó "*enter*" al final de esa línea. Por esta razón falta el punto.

**Importante !**

En el caso de querer eliminar el carácter especial "\n" (*enter*) al final de cada línea de un archivo de texto, es más conveniente hacerlo con la instrucción **chomp** que con **chop**. Esto es debido a que **chop** siempre eliminará el último carácter, sin importar de cual se trate. En cambio, **chomp** sólo elimina el carácter "\n" si lo encuentra.

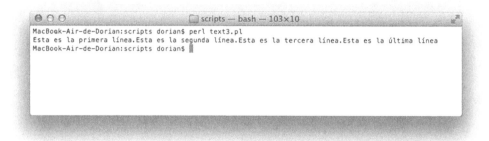

```
MacBook-Air-de-Dorian:scripts dorian$ perl text3.pl
Esta es la primera línea.Esta es la segunda línea.Esta es la tercera línea.Esta es la última línea
MacBook-Air-de-Dorian:scripts dorian$
```

**Figura 5.4.** Salida del script 5.4.

Veamos ahora como, después de remover el carácter "\n" del final de cada línea, es posible usarlo de nuevo.

*Script 5.5*

```
1   open (IN,'textlines.txt');
2   while ($line=<IN>) {
3     chomp $line;
4     print "$line\n";
5   }
6   close IN;
```

Simplemente agregando \n a la línea donde está escrita la instrucción **print** (línea 4), se agrega el carácter "*enter*" otra vez. La salida de este script es la misma que se muestra en la figura 5.2.

Es común que mucha información usada por geocientíficos venga organizada por columnas. Por ejemplo, imagine que la información mostrada en la figura 5.5 representa profundidad (*depth*) y una variable cualquiera que se pudo cuantificar (*value*).

Para generar los valores de la columna "value" se ha usado la función **RAND()*10** del programa OpenOffice Calc (en su versión en inglés) Esta información se guardó en un archivo de texto CSV (.csv), usando *tabs* como separadores. Después de cada línea, Calc agrega el carácter "*enter*" (\n), de modo que si se abre el archivo (con un editor de texto) y se va hasta el final del archivo, veremos una línea vacía. Una de las aplicaciones útiles que tiene **chomp** es evitar leer líneas como esta, donde lo único que hay es un carácter "*enter*". El siguiente script abre el archivo data.csv en modo lectura.

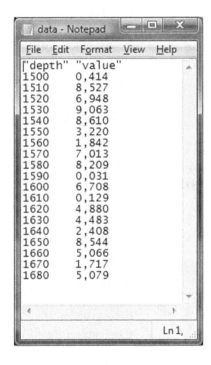

**Figura 5.5.** Ejemplo de un conjunto de datos.

*Script 5.6*

| | | |
|---|---|---|
| 1 | open (INPUT,'data.csv'); | #abre el archivo |
| 2 | $i=0; | #inicializa el contador $i en cero |
| 3 | while ($line=<INPUT>) {<br>información del archivo | #comienza la estructura de control que lee la |
| 4 | chomp $line; | #elimina \n de cada línea (*enter*) |
| 5 | if ($i>0) {<br>información, sino los | #Debido a que la primera línea no contiene |

| 6 |  | #nombres de las variables, esta condición evita que |
|   | la información |  |
| 7 |  | #sea almacenada en el arreglo que se construye |
|   | desde la línea 7. |  |
| 8 | @arrayLine=**split**('\t',$line); | #Cada línea del archivo está separada por un *tab* |
|   | ("\t", tabulador) |  |
| 9 |  | #Con la instrucción **split** se separa cada elemento |
|   | en la línea |  |
| 10 |  | #y se almacena en un arreglo. |
| 11 | $depth[$i-1]=$arrayLine[0]; | #Se entra al ciclo **if** cuando $i>0, es decir, cuando |
|   | $i=1. Debido a |  |
| 12 |  | #que Perl indexa los arreglos desde cero, hemos |
|   | usado la expresión |  |
| 13 |  | #$i-1. El archivo tiene dos columnas, por lo que |
|   | tendremos dos |  |
| 14 |  | #arreglos, uno por columna. Para cada línea, |
|   | usaremos un arreglo |  |
| 15 |  | #que siempre sobrescribiremos (@arrayLine) |
| 16 |  | #@depth y @value son arreglos unidimensionales. |
| 17 | $value[$i-1]=$arrayLine[1]; |  |
| 18 | } |  |
| 19 | $i++; | #incrementa en uno el valor del contador |
| 20 | } |  |
| 21 | $i~; | #$i=$-1. Al final del **while**, el arreglo tendrá una |
|   | longitud menor |  |
| 22 |  | #debido a que el proceso comienza cuando $i=1 |
| 23 | close INPUT; | #cierra el archivo. |
| 24 | print "Depth Value\n"; | #imprime en pantalla los títulos de las columnas. |
| 25 | for ($j=0;$j<$i;$j++) { | #Inicia un ciclo **for/next** para acceder a cada uno |
|   | de los elementos de |  |
| 26 |  | #los arreglos @depth y @value. |
| 27 | print "$depth[$j] $value[$j]\n"; | #imprime en pantalla los valores de cada uno de los |
|   | arreglos. |  |
| 28 | } |  |

Como pudo haberse dado cuenta, en este caso usamos comentarios dentro del script para explicar qué hace cada línea. Mientras el script se hace más grande, el uso de comentarios se hace más útil.

Algo interesante en este script es el uso de la instrucción **split**. Esta instrucción divide una cadena en tantas partes como separadores haya (del mismo tipo: comas, tabuladores o cualquier otro carácter) La instrucción tiene dos parámetros. El primero de ellos (antes de la coma) es el carácter que separa los valores dentro de la cadena. El segundo es la cadena que quiero separar. El resultado después de aplicar la instrucción **split** es un arreglo (*array*) Por ejemplo, en la cadena "hola queridos amigos", cada palabra está separada por el carácter " " (espacio), de manera que una forma de dividir esta cadena es usando la instrucción:

@array=**split**(" ","hola queridos amigos")

La instrucción genera un arreglo, donde cada elemento es, en nuestro ejemplo, una palabra de la cadena. Así, el primer elemento del arreglo, es decir $array[0], es igual a "hola". El segundo elemento ($array[1]) es "queridos" y el último ($array[2]) es "amigos". Ahora, volvamos a nuestro script para leer la información del archivo de texto data.csv.

La figura 5.6 muestra la salida del script 5.6.

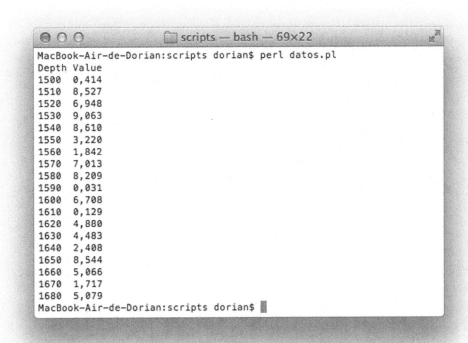

**Figura 5.6.** Salida del script 5.6.

## 5.3 Acceso para escritura

Hay dos formas importantes de acceder a archivos en modo escritura: sobrescribiendo o agregando información. Para hacerlo de la primera forma, es necesario agregar el carácter ">" al comienzo del nombre del archivo (o de su ruta completa de acceso) que queremos abrir. Por ejemplo:

open (OUTPUT,'>data.csv);

Para agregar información a un archivo existente, se deben agregar los caracteres ">>" al comienzo del nombre del archivo. Por ejemplo:

open (OUTPUT,'>>data.csv');

Con esta opción, la nueva información será agregada al final del archivo.

Hagamos algunos cambios al script anterior (5.6), de forma de mostrar cómo funciona el acceso en modo escritura.

*Script 5.7*

```
1   open (INPUT,'data.csv');
2   $i=0;
3   while ($line=<INPUT>) {
4     chomp $line;
5     if ($i>0) {
6       @arrayLine=split('\t',$line);
7       $depth[$i-1]=$arrayLine[0];
8       $value[$i-1]=$arrayLine[1];
9     }
10    $i++;
11  }
12  $i--;
13  close INPUT;
14  open (OUTPUT,'>SelectedData.txt');
15  print OUTPUT "Depth\tValue\n";
16  for ($j=0;$j<$i;$j++) {
17    if ($depth[$j]<=1600) {
18      print OUTPUT "$depth[$j]\t$value[$j]\n";
19    }
```

| 20 | } |
|----|---|
| 21 | close OUTPUT; |

Este script no generará una salida en pantalla. El resultado será un nuevo archivo llamado **SelectedData.txt**. Según el script, estamos interesados en extraer todos los pares de valores Depth-Value, donde el valor de la profundidad (*depth*) es menor o igual que 1600 (línea 17 del script)

En la primera línea se abre para lectura el archivo data.txt. En la línea 2, se inicializa la variable $i. Esta variable será usada para contar el número de líneas del archivo de entrada. En la línea 3 comienza la estructura de control para leer el archivo de entrada. En la línea 4, se elimina el carácter "\n" del final de cada línea del archivo de texto. En la línea 5, la condición **if** le dice a Perl que no tome en cuenta la primera línea del archivo para la construcción del arreglo @arrayLine, ya que esta línea contiene los encabezados de lo que representa cada columna de información. Para que se ejecuten las instrucciones de esta estructura de control (**if** de la línea 5), se debe cumplir que $i>0, es decir, desde que $i vale 1.

Debido a que sabemos que el archivo fue creado usando tabuladores (*tabs*) para separar las columnas, en la línea 6 del script se ha usado el carácter "\t" en la instrucción **split**.

En las líneas 7 y 8 se están leyendo los valores de "depth" y "value" y almacenándolos en los arreglos @depth y @vlue respectivamente. Debido a que los arreglos en Perl están indexados desde 0, usamos como contador la expresión $i-1. Esto garantiza que el primer valor del índice es igual a 0.

Recuerde que la instrucción **split** crea un arreglo, cuyos elementos serán que estén separados en la línea ($line) por el carácter tab ("\t") Este nuevo arreglo es @arrayLine (línea 6 del script) El primer elemento ($arrayLine[0]) será asignado a la variable $depth[$i-1] El segundo elemento ($arrayLine[1]) será asignado a la variable $value[$i-1]

En la línea 10, la variable $i se incrementa en uno a medida que se va leyendo el archivo. Debido a que esta variable cuenta el número de la línea dentro del archivo de entrada, restamos uno del valor final (línea 12) de forma que nos diga el tamaño de los nuevos arreglos (@depth y @value)

En la línea 13 cerramos el archivo de entrada. Para más información sobre la instrucción OPEN, por favor visite: http://perldoc.perl.org/functions/open.html. Para más información sobre la instrucción CLOSE, por favor visite: http://perldoc.perl.org/functions/close.html.

En la línea 14 se crea el archivo con la información de salida. En la línea 15 se escriben, en el nuevo archivo, los encabezados que describen los valores en cada arreglo. Para nuestro ejemplo, tendrá dos encabezados (dos columnas) En la línea 16 comienza la estructura de control **for**. Usamos esta estructura para leer todos los elementos del arreglo @depth. Nótese que el máximo índice a ser leído es cuando $j<$i, es decir, cuando $j sea menor que el tamaño del arreglo. De cualquier manera, recuerde que otra forma de obtener el tamaño del arreglo es asignándolo a un valor escalar (véase línea 2, script 4.2) Es importante recordar que debe hacerse de esta forma, ya que los arreglos son indexados desde cero.

En la línea 17 estamos filtrando la información de entrada, a aquellos en los cuales la profundidad sea menor o igual que 1600. Aquellos que cumplan con esta condición serán escritos en el archivo de salida en la línea 18. Finalmente, el archivo con la información seleccionada es cerrado en la línea 21. La figura 5.7 muestra como luce el archivo de salida de este script.

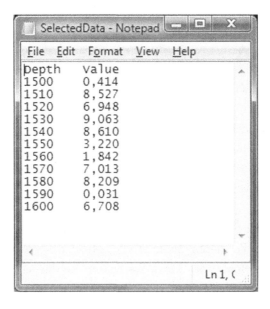

**Figura 5.7.** Salida del script 5.7.

Para efectos de mostrar cómo se puede agregar información a un archivo ya existente, hagamos algunos cambios en el script anterior y escribamos en el archivo **SelectedData. txt**.

*Script 5.8*

```
1   open (INPUT,'data.csv');
2   $i=0;
3   while ($line=<INPUT>) {
4     chomp $line;
5     if ($i>0) {
6       @arrayLine=split('\t',$line);
7       $depth[$i-1]=$arrayLine[0];
8       $value[$i-1]=$arrayLine[1];
9     }
10    $i++;
11  }
12  $i--;
13  close INPUT;
14  open (OUTPUT,'>>SelectedData.txt');
15  for ($j=0;$j<$i;$j++) {
16    if ($depth[$j]>1600) {
17      print OUTPUT "$depth[$j]\t$value[$j]\n";
18    }
19  }
20  close OUTPUT;
```

Puede ver las diferencias? Observe las líneas 14 y 16 y compárelas con las líneas 16 y 17 del script anterior. La idea de este script es mostrar cómo se agregar información a un archivo existente. Recuerde que la información es agregada al final del archivo existente. Finalmente, la salida de este script debe lucir igual que el archivo que usamos para extraer información **data.csv** (figura 5.8)

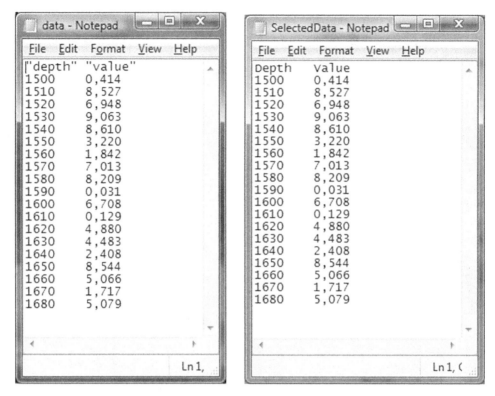

**Figura 5.8.** Comparación entre el archivo data.csv (fuente de información o entrada) y el archivo de salida SelectedData.txt

## 5.4 Expresiones regulares

Las expresiones regulares permiten hacer coincidencias (*matching*) de patrones con documentos de texto. En geociencias hay muchos programas que generan un montón de información en archivos de texto, con diferentes tipos de formato: leyes de velocidad en GeoFrame™ y OpenWorks™, archivos LAS, pruebas instrumentales (como las del sistema de grabación de datos sísmicos Sercel™) Perl tiene muchas funciones para manejar archivos de texto y organizarlos en una forma fácil de comprender.

### 5.4.1 Comprensión de patrones

La forma más fácil de comprender estos conceptos es con un ejemplo. Veamos el siguiente. Tenemos un archivo en el que se muestra una porción del encabezado de un archivo en formato LAS (Log ASCII Standard, http://en.wikipedia.org/

wiki/Log_ASCII_Standard) El contenido del archivo puede verse en la siguiente figura:

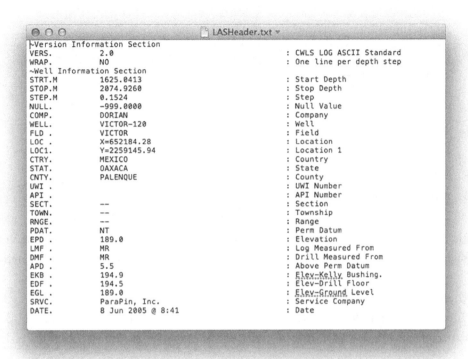

**Figura 5.9.** Ejemplo de un encabezado de un archivo en formato LAS.

El ejercicio consiste en encontrar el nombre del pozo (en este ejemplo, el nombre del pozo es VICTOR-120, resaltado en el rectángulo amarillo de la figura anterior) Vamos a usar como patrón la búsqueda de la palabra WELL. Recuerde que Perl es sensible a las mayúsculas y minúsculas (*case sensitive*), de manera que buscar el patrón WELL es diferente de Well, etc.

Veamos el siguiente script.

*Script 5.9*

```
1   $string2Search='WELL';
2   open (IN,'LASHeader.txt');
```

```
3    $line=<IN>;
4    while ($line) {
5      chomp $line;
6      if ($result=$line=~/$string2Search/) {
7        @array=split(' ',$line);
8        $WellName=$array[1];
9      }
10     $line=<IN>;
11   }
12   close IN;
13   print "El nombre del pozo es $WellName\n";
```

En la primera línea hemos definido una variable que contiene la cadena o el patrón a buscar. En este caso, la palabra "WELL". La variable la hemos llamado $string2Search.

El archivo mostrado en la figura 5.9 es abierto sólo para lectura en la línea 2. El archivo es leído usando las instrucciones que están entre la línea 3 a la línea 11. La instrucción más importante en este rango de líneas es la que está en la línea 6. La variable $string2Search ha sido encerrada entre "/" Con la expresión ~/$string2Search/, estamos preguntando si el patrón "WELL" está contenido dentro del valor que tiene $line (no exactamente) Si el resultado es positivo, la variable $result asume el valor 1 como verdadero. En nuestro script, si la condición en la línea 6 se cumple (es decir, es *true*), construimos un arreglo a partir de la variable $line. En la línea 7, con la opción de comillas simples ' ' (nótese que hay un espacio entre ellas), la instrucción **split** divide la variable $line en elementos por uno o más espacios. Debido a que Perl indexa a los arreglos desde cero, el nombre del pozo estará contenido en el segundo elemento del arreglo, es decir, $array[1]

La figura siguiente muestra la salida del script 5.9

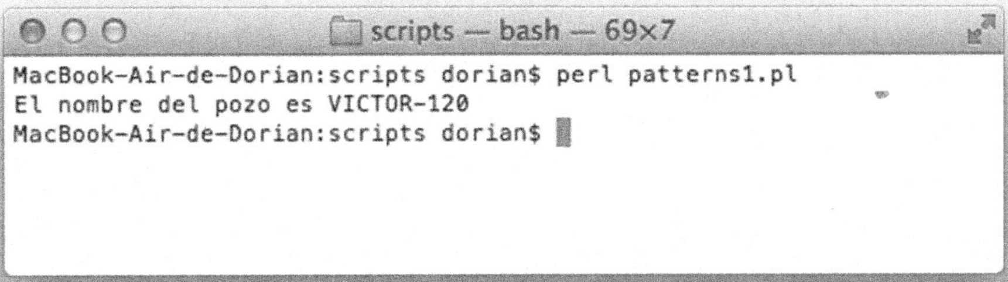

```
MacBook-Air-de-Dorian:scripts dorian$ perl patterns1.pl
El nombre del pozo es VICTOR-120
MacBook-Air-de-Dorian:scripts dorian$
```

**Figura 5.10.** Salida del script 5.9.

Unos pocos cambios en el script anterior nos permitirán saber el número de la línea donde el patrón coincide.

*Script 5.10*

```
1   $string2Search='WELL';
2   $numberOfLine=0;
3   open (IN,'LASHeader.txt');
4   $line=<IN>;
5   while ($line) {
6     chomp $line;
7     $numberOfLine++;
8     if ($result=$line=~/$string2Search/) {
9       @array=split(' ',$line);
10      $WellName=$array[1];
11      $foundInLine=$numberOfLine;
12    }
13    $line=<IN>;
14  }
15  close IN;
16  print "El nombre del pozo es $WellName y fue encontrado en la linea $foundInLine\n";
```

La salida de este script se muestra en la figura siguiente.

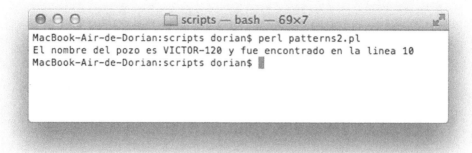

```
MacBook-Air-de-Dorian:scripts dorian$ perl patterns2.pl
El nombre del pozo es VICTOR-120 y fue encontrado en la linea 10
MacBook-Air-de-Dorian:scripts dorian$ ▊
```

**Figura 5.11.** Salida del script 5.10.

Aun cuando Perl tiene muchas herramientas para trabajar con expresiones regulares, veremos aquí las más importantes para nuestros intereses. Veamos el siguiente script.

*Script 5.11*

```
1   $string2Search='DATE. *';
2   $numberOfLine=0;
3   open (IN,'LASHeader.txt');
4   $line=<IN>;
5   while ($line) {
6     chomp $line;
7     $numberOfLine++;
8     if ($result=$line=~/$string2Search/) {
9       $lineTemp=$line;
10      $foundInLine=$numberOfLine;
11    }
12    $line=<IN>;
13  }
14  close IN;
15  print "La linea donde se encontro la expresion contiene la siguiente informacion:
      \n$lineTemp\n";
16  print "La informacion fue encontrada en la linea $foundInLine\n";
```

Este script es muy similar al 5.10. La principal diferencia es lo que buscamos con este script. En este caso estamos buscando la línea que contiene la cadena 'DATE', seguida por algunos espacios. El carácter '*' ubicado después del espacio en la expresión significa que cualquier cantidad de espacios puede satisfacer el patrón. Utilizando el mismo archivo mostrado en la figura 5.9, tendremos una salida del script tal como se muestra en la figura 5.12.

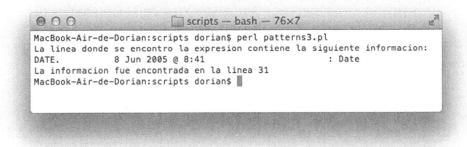

**Figura 5.12.** Salida del script 5.11.

Antes de continuar, es necesario destacar que el uso de la variable $string2Search (línea 1) puede ser omitida. En lugar de eso, la línea 8 del script anterior puede ser cambiada por:

if ($result=$line=~/DATE. */) {

La opción '+' es lo contrario a la opción '*'. Veamos el siguiente ejemplo.

*Script 5.12*

```
1   $string2Search='DATE.+ ';
2   $numberOfLine=0;
3   open (IN,'LASHeader.txt');
4   $line=<IN>;
5   while ($line) {
6     chomp $line;
7     $numberOfLine++;
8     if ($result=$line=~/$string2Search/) {
9       $lineTemp=$line;
```

```
10    $foundInLine=$numberOfLine;
11    }
12   $line=<IN>;
13   }
14   close IN;
15   print "La linea donde la expresion fue encontrada contiene la siguiente
      informacion: \n$lineTemp\n";
16   print "Esta informacion fue encontrada en la linea $foundInLine\n";
```

A diferencia del script 5.11, en este caso los espacios están después del carácter '+', no antes. La figura 5.13 muestra la salida de este script.

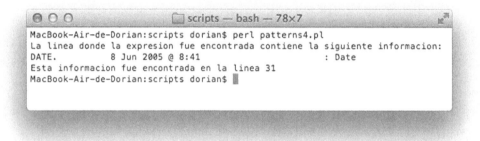

**Figura 5.13.** Salida del script 5.12.

En ambos casos, es posible usar los caracteres antes o después al carácter '+' o '*' Veamos por ejemplo el siguiente script.

*Script 5.13*

```
1   $string2Search='CTRY.+ M';
2   $numberOfLine=0;
3   open (IN,'LASHeader.txt');
4   $line=<IN>;
5   while ($line) {
6     chomp $line;
7     $numberOfLine++;
8     if ($result=$line=~/$string2Search/) {
9       $lineTemp=$line;
```

```
10    $foundInLine=$numberOfLine;
11    }
12    $line=<IN>;
13    }
14    close IN;
15    print "La linea donde la expresion fue encontrada contiene la siguiente
      informacion: \n$lineTemp\n";
16    print "Esta informacion fue encontrada en la linea $foundInLine\n";
```

En este caso, estamos buscando el nombre del país (CTRY dentro del archivo) Así, hemos cambiado el patrón a buscar por 'CTRY.+ M' (hay un espacio entre + y M) La siguiente figura muestra la salida de este script.

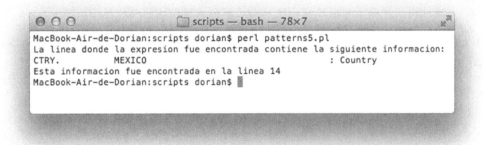

**Figura 5.14.** Salida del script 5.13.

En este script, el patrón 'CTRY.+ M' permitirá buscar una cadena donde haya uno o más espacios entre el carácter '.' y la letra 'M'. Se sugiere probar cambiando el patrón por 'CTRY. * M' (hay un espacio entre el carácter '.' y el carácter '*')

El carácter especial '?' permite que cero o uno de los caracteres previos active la coincidencia. El siguiente script es un ejemplo del uso de este carácter especial.

*Script 5.14*

```
1    $string2Search='STR?';
2    $numberOfLine=0;
3    open (IN,'LASHeader.txt');
```

```
4    $line=<IN>;
5    while ($line) {
6      chomp $line;
7      $numberOfLine++;
8      if ($result=$line=~/$string2Search/) {
9        $lineTemp=$line;
10       $foundInLine=$numberOfLine;
11         print "La linea donde la expresion fue encontrada contiene la siguiente
     informacion: \n$lineTemp\n";
12       print "Esta informacion fue encontrada en la linea $foundInLine\n";
13     }
14     $line=<IN>;
15   }
16   close IN;
```

En este script, el criterio de búsqueda es 'STR.' La siguiente figura muestra la salida del script y muestra las líneas donde se encontraron coincidencias.

```
● ● ●                    scripts — bash — 78×14
MacBook-Air-de-Dorian:scripts dorian$ perl patterns6.pl
La linea donde la expresion fue encontrada contiene la siguiente informacion:
STRT.M        1625.0413                        : Start Depth
Esta informacion fue encontrada en la linea 5
La linea donde la expresion fue encontrada contiene la siguiente informacion:
STOP.M        2074.9260                        : Stop Depth
Esta informacion fue encontrada en la linea 6
La linea donde la expresion fue encontrada contiene la siguiente informacion:
STEP.M        0.1524                           : Step
Esta informacion fue encontrada en la linea 7
La linea donde la expresion fue encontrada contiene la siguiente informacion:
STAT.         OAXACA                           : State
Esta informacion fue encontrada en la linea 15
MacBook-Air-de-Dorian:scripts dorian$ █
```

**Figura 5.15.** Salida del script 5.14.

Si se desea especificar cuantas veces un carácter debe aparecer de acuerdo al patrón, entonces deben usarse los caracteres '{' y '}', tal como se muestra a continuación:

$string2Search='WEL{1,2}'

En este caso, los únicos valores que coincidirán con el patrón son:

WEL

WELL

La siguiente configuración debe ser usada si se desea especificar el máximo número de veces que un carácter debe aparecer en una cadena:

$string2Search='WEL{0,2}'

Caso contrario, si lo que se desea es especificar el número mínimo de veces:

$string2Search='WEL{2,}'

Si se desea especificar exactamente las veces que el patrón debe coincidir, se usa la siguiente configuración:

$string2Search='WEL{2}'

En este caso, sólo la palabra WELL podrá satisfacer el patrón.

Después de cambiar el valor de $string2Search por 'WEL{2}' en el script anterior, al ejecutarlo obtendremos la salida que se muestra en la figura siguiente.

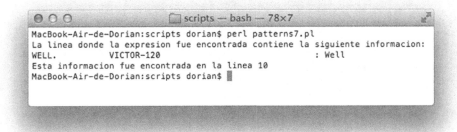

**Figura 5.16.** Salida después de cambiar el valor de $string2Search por 'WEL{2}' en el script 5.14.

Ahora, veamos el carácter especial '.'. Cuando este carácter es usado, cualquier carácter diferente al de nueva línea ('\n', *enter*) activará la coincidencia. Veamos el siguiente script.

*Script 5.15*

```
1   $string2Search='ST.P';
2   $numberOfLine=0;
3   open (IN,'LASHeader.txt');
4   $line=<IN>;
5   while ($line) {
6     chomp $line;
7     $numberOfLine++;
8     if ($result=$line=~/$string2Search/) {
9       $lineTemp=$line;
10      $foundInLine=$numberOfLine;
11       print "La linea donde la expresion fue encontrada contiene la siguiente
    informacion: \n$lineTemp\n";
12       print "Esta informacion fue encontrada en la linea: $foundInLine\n";
13     }
14     $line=<IN>;
15   }
16   close IN;
```

La figura siguiente muestra la salida del script.

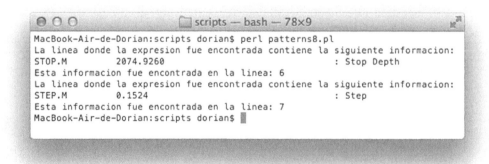

**Figura 5.17.** Salida del script 5.15.

En este caso, las cadenas que coinciden con el patrón son:

STOP y STEP (el carácter '.' hizo las veces de 'O' o 'E')

A continuación veremos el uso de los caracteres especiales '[' y ']' Estos caracteres se usan cuando hay una lista de varias opciones que se desean evaluar. Veamos el siguiente ejemplo.

*Script 5.16*

```
1   $XCoord='X[:=]';
2   $YCoord='Y[:=]';
3   $numberOfLine=0;
4   open (IN,'LASHeader.txt');
5   $line=<IN>;
6   while ($line) {
7     chomp $line;
8     $numberOfLine++;
9     if ($result1=$line=~/$XCoord/) {
10      $lineTemp=$line;
11      $foundInLine=$numberOfLine;
12      print "La coordenada Este del pozo fue encontrada en la linea $foundInLine\n";
13      print "contenida en:\n $lineTemp\n";
14    }
15    if ($result2=$line=~/$YCoord/) {
16      $lineTemp=$line;
17      $foundInLine=$numberOfLine;
18      print " La coordenada Norte del pozo fue encontrada en la linea $foundInLine\n";
19      print "contenida en:\n $lineTemp\n";
20    }
21    $line=<IN>;
22  }
23  close IN;
```

Con este script estamos buscando las coordenadas del pozo. En este caso estamos buscando las coordenadas X y Y. Las variables $XCoord y $YCoord contienen los patrones que serán usados para la búsqueda. En ambos casos, los caracteres ':' y '=' entre

'[' y ']' significa que las expresiones X: o X= y Y: o Y= coincidirán con los patrones de búsqueda. La siguiente figura muestra la salida del script.

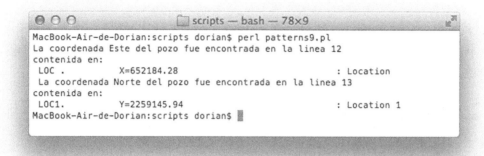

**Figura 5.18.** Salida del script 5.16.

Un aspecto importante relacionado al uso de corchetes es que pueden ser usados con cualquier combinación de caracteres, símbolos, etc.

Hay casos en los que no se está seguro si una palabra fue escrita en mayúsculas o minúsculas o una combinación de ambas. Para mostrar como sortear esta situación veamos el siguiente script.

*Script 5.17*

| | |
|---|---|
| 1 | $string2Search='well'; |
| 2 | $numberOfLine=0; |
| 3 | open (IN,'LASHeader.txt'); |
| 4 | $line=<IN>; |
| 5 | while ($line) { |
| 6 | chomp $line; |
| 7 | $numberOfLine++; |
| 8 | if ($result=$line=~/$string2Search/i) { |
| 9 | $lineTemp=$line; |
| 10 | $foundInLine=$numberOfLine; |
| 11 | print "La linea donde la expresion fue encontrada contiene la siguiente informacion: \n$lineTemp\n"; |
| 12 | print "Esta informacion fue encontrada en la linea $foundInLine\n"; |

| 13 | } |
| 14 | $line=<IN>; |
| 15 | } |
| 16 | close IN; |

En este caso, estamos usando como patrón la palabra 'well'. En la línea 8, se ha agregado la letra 'i' después del último *slash* ('/') La figura siguiente muestra la salida del script.

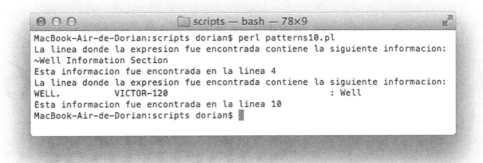

**Figura 5.19.** Salida del script 5.17.

Tal como pudo notarse, la coincidencia se activó con las palabras Well y WELL.

# Capítulo 6
# Subrutinas y
# Módulos

## 6.1 Subrutinas

En programación, una subrutina (función, método, procedimiento o subprograma) es una porción de código dentro de un programa más grande, el cual ejecuta una tarea específica y es relativamente independiente del resto del código (http://en.wikipedia.org/wiki/Subroutine).

La estructura de una subrutina en Perl es como sigue:

sub NombreDeLaSubrutina {

       instrucciones;

}

Veamos el siguiente ejemplo.

*Script 6.1*

```
1   $a=5;
2   $b=5;
3   $d=sum($a,$b);
4   print "$a + $b = $d\n";
5
6   sub sum {
7   $c=$_[0]+$_[1];
8   }
```

Este script calcula la suma de dos números, cuyas variables en el script son $a y $b. $d almacenará el valor de la suma después que la subrutina sea invocada. Debido a que $a y $b son las variables, éstas son colocadas entre paréntesis como parte de los parámetros de la subrutina "sum". Cuando se invoca a una subrutina, el intérprete de Perl busca a la subrutina (*sub*) dentro del script. Perl cuenta con una variable especial (de hecho, un arreglo) que contiene los últimos valores de una lista. Esta variable es @_ y sus elementos son: $_[0], $_[1], $_[2]... y así sucesivamente tantos parámetros como los que hayan sido pasados a la subrutina. En nuestro ejemplo, los parámetros han sido dos: $a y $b. Dentro de la subrutina se evalúa la expresión $_[0] + $_[1] Internamente, $_[0] contiene el valor de $a y $_[1] contiene el valor de $b. El orden es importante cuando se invocan los parámetros dentro de la subrutina. La figura siguiente muestra la salida del script. Está claro que se trata de un ejemplo muy sencillo, pero ya veremos más tarde ejercicios más complejos.

**Figura 6.1.** Salida del script 6.1.

Las subrutinas devuelven el último valor calculado. En el script anterior, el último valor es $c

Una subrutina no necesariamente devuelve un valor. Esta puede hacer sus propias salidas en pantalla o a archivos. Más aún, una subrutina puede ser invocada dentro de otra subrutina.

## 6.2 Paquetes y módulos

Un paquete es algo así como una subrutina o un conjunto de ellas, pero pertenecen a un archivo separado. Los paquetes se nombran usualmente con la extensión **.pm**.

Un módulo es básicamente un paquete, pero ha sido hecho para ser reusado. Debido a que alrededor de Perl ha crecido una inmensa comunidad, es posible encontrar un sin fin de módulos hechos por otros y que están listos para usarse. Muchos de ellos se pueden encontrar en www.cpan.org. Sin embargo, veremos cómo podemos hacer los nuestros y cómo podemos usarlos. Veamos el siguiente ejemplo. Imagine que se desea calcular algunos valores a partir de los puntos mostrados en la figura 6.2: distancia entre puntos, seno y coseno del ángulo, pendiente de la línea recta.

Cada cálculo será hecho usando una subrutina diferente, pero ubicadas dentro de un paquete.

Para hacer esto, hemos hecho un script principal, donde están los valores de las variables (coordenadas de los puntos) y desde donde se hará la invocación a las subrutinas que efectuarán los cálculos, las cuales están dentro de un paquete que hemos llamado trigonometrics. Este paquete ha sido guardado como un archivo llamado con el mismo nombre y extensión .pm: trigonometrics.pm. Este paquete está localizado en el mismo directorio donde está el script principal (en nuestro ejemplo, el script principal lo hemos llamado calculator.pl y es el script 6.2)

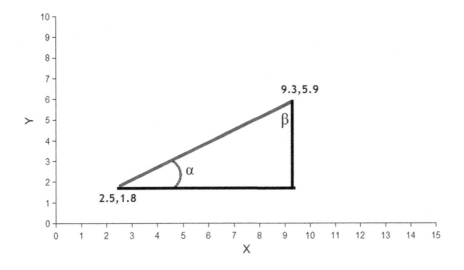

**Figura 6.2.** Línea recta.

*Script 6.2*

```
1   use trigonometrics qw(dist sinus cosines $x2 $y2 $x1 $y1);
2   $x2=9.3;
3   $y2=5.9;
4   $x1=2.5;
5   $y1=1.8;
6   $d=dist;
7   $e=sinus;
```

```
8    $f=cosines;
9    $slope=sprintf("%.4f",$e/$f);
10   print "Distancia entre los puntos ($x2,$y2) - ($x1,$y1) es: $d\n";
11   print "El seno de alfa es:              $e\n";
12   print "El coseno de alfa es: $f\n";
13   print "La pendiente de la linea recta es: $slope\n";
```

A continuación, el módulo trigonometrics.pm

*Script 6.3*

```
1    package trigonometrics;
2    require Exporter;
3    @ISA=qw(Exporter);
4    @EXPORT_OK=qw(dist sinus cosines $x2 $y2 $x1 $y1);
5
6    sub dist {
7    $e=sqrt(($x2-$x1)**2+($y2-$y1)**2);
8    sprintf("%.4f",$e);
9    }
10
11   sub sinus {
12   my $f=($y2-$y1)/$e;
13   sprintf("%.4f",$f);
14   }
15
16   sub cosines {
17   my $g=($x2-$x1)/$e;
18   sprintf("%.4f",$g);
19   }
```

En la primera línea del script principal (calculator.pl) encontramos una palabra reservada de Perl: **use**. Esta palabra se usa para decirle al intérprete de Perl que este paquete será usado en la ejecución del script (o que puede ser usado) Para efectos prácticos, usaremos la palabra script para el programa principal y módulo para referirnos al paquete. Es importante que el nombre del archivo sea el mismo que el del paquete. Luego del nombre del paquete viene la palabra reservada **qw**, seguida de paréntesis. Dentro de los paréntesis y separados por espacios se deben indicar, no solamente las subrutinas a usar (que están dentro del paquete) sino las variables a ser pasadas a las subrutinas. Nótese que los elementos están ordenados en la misma forma que lo están dentro del paquete (línea 4 dentro del módulo) Dentro del paquete, las primeras cuatro líneas son obligatorias. En estas líneas están las instrucciones que permiten la comunicación entre el script y el módulo. La figura siguiente muestra la salida del script.

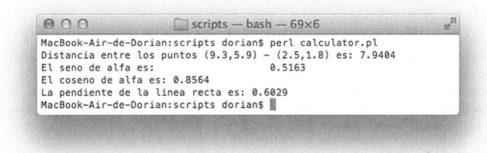

**Figura 6.3.** Salida del script 6.2.

## 6.3 Reusando módulos

Tal como podrá notarse en el archivo de ayuda de Perl (usualmente localizado en _///C:/Perl/html/index.html_), las funciones numéricas disponibles son: **abs, atan2, cos, exp, hex, int, log, oct, rand, sin, sqrt** y **srand**. Es posible que con estas funciones se puedan generar otras funciones. Sin embargo, es posible que alguien más lo haya hecho. En mi caso, antes de comenzar a hacer mi script, busqué en la web de forma tal de comprobar si alguien más había hecho algo similar. Tomemos como ejemplo un módulo de funciones trigonométricas que se puede encontrar en el proyecto CPAN. El módulo se llama Math::Trig. Dentro del proyecto se puede encontrar toda la documentación necesaria sobre este módulo.

Muchos módulos en Perl son simplemente archivos con extensión .pm. No es necesario compilar código. Para usarlos, siga las siguientes instrucciones:

1. Primeramente verifique en la dirección donde están las librerías que ya esté instalada. Sino, descargue el archivo donde está contenido el módulo (en este caso Math-Complex-1.59.tar.gz)
2. Descomprímalo
3. Busque la carpeta donde están los archivos con extensión .pm. En este caso, están bajo la carpeta Math. Copie esta carpeta a la ruta donde esté la librería de Perl (en el caso de Windows C:\Perl\lib; en el caso de OS X /usr/local/ActivePerl-5.16/lib) Esta es una de las carpetas donde Perl siempre busca módulos invocados desde un script.

Ahora, tomemos como ejemplo lo que queríamos hacer con el script anterior. En lugar de usar nuestro propio paquete, usaremos Trig, el cual está contenido en el archivo Trig.pm. Debido a que el módulo está ubicado en una dirección distinta a donde está ubicado el script, es necesario decirle al intérprete de Perl la dirección exacta (*path*) Esto se hace usando la instrucción

**Use Math::Trig** (línea 1 del siguiente script)

Esto equivale a decirle a Perl que busque el módulo en alguna de las direcciones mostradas en las instrucciones descritas anteriormente.

*Script 6.4*

```
1    use Math::Trig;
2    $x2=9.3;
3    $y2=5.9;
4    $x1=2.5;
5    $y1=1.8;
6    $d=dist($x2,$x1,$y2,$y1);
7    $AlfaAngleSinus=sprintf("%.5f",asin(($y2-$y1)/$d));
8    $AlfaAngleCosines=sprintf("%.5f",acos(($x2-$x1)/$d));
9    $AlfaAngleTan=sprintf("%.5f",atan(($y2-$y1)/($x2-$x1)));
10   $BetaAngleSinus=sprintf("%.5f",asin(($x2-$x1)/$d));
11   $BetaAngleCosines=sprintf("%.5f",acos(($y2-$y1)/$d));
12   $BetaAngleTan=sprintf("%.5f",atan(($x2-$x1)/($y2-$y1)));
13   $degreesAlfa=sprintf("%.5f",rad2deg($AlfaAngleSinus));
14   $degreesBeta=sprintf("%.5f",rad2deg($BetaAngleSinus));
15   $sum=sprintf("%.5f",$degreesAlfa+$degreesBeta);
16   print "Distancia entre los puntos ($x2,$y2) - ($x1,$y1) es: $d\n";
```

17  print "Angulo alfa, calculado usando la funcion seno es:   $AlfaAngleSinus radians\n";

18  print "Angulo alfa, calculado usando la funcion coseno es: $AlfaAngleCosines radians\n";

19  print "Angulo alfa, calculado usando la funcion tangente es: $AlfaAngleTan radians\n";

20  print "Angulo Beta, calculado usando la funcion seno es:   $BetaAngleSinus radians\n";

21  print "Angulo Beta, calculado usando la funcion coseno es: $BetaAngleCosines radians\n";

22  print "Angulo Beta, calculado usando la funcion tangente es:   $BetaAngleTan radians\n";

23  print "Angulo alfa, en grados es: $degreesAlfa\n";

24  print "Angulo Beta, en grados es: $degreesBeta\n";

25  print "Debido a que es un triangulo rectángulo, la suma de Alfa + Beta es: $sum\n";

26

27  sub dist {

28  sprintf("%.5f",sqrt(($_[0]-$_[1])**2+($_[2]-$_[3])**2));

29  }

Todas las funciones trigonométricas usadas entre las líneas 7 a la 14 no están disponibles en Perl. Sin embargo, están disponibles en el módulo Trig (Trig.pm) La figura siguiente muestra la salida del script.

```
⬤ ◯ ◯                    ☐ scripts — bash — 78×14                      ⬈
MacBook-Air-de-Dorian:scripts dorian$ perl calculator3.pl
Distancia entre los puntos (9.3,5.9) - (2.5,1.8) es: 7.94040
Angulo alfa, calculado usando la funcion seno es:   0.54258 radians
Angulo alfa, calculado usando la funcion coseno es: 0.54258 radians
Angulo alfa, calculado usando la funcion tangente es: 0.54258 radians
Angulo Beta, calculado usando la funcion seno es:   1.02822 radians
Angulo Beta, calculado usando la funcion coseno es: 1.02822 radians
Angulo Beta, calculado usando la funcion tangente es:   1.02822 radians
Angulo alfa, en grados es: 31.08754
Angulo Beta, en grados es: 58.91267
Debido a que es un triangulo rect?ngulo, la suma de Alfa + Beta es: 90.00021
MacBook-Air-de-Dorian:scripts dorian$ ▮
```

**Figura 6.4.** Salida del script 6.4.

Hay algunos casos en el que los módulos vienen con componentes programados en C y deben ser compilados. Antes de embarcarse en una aventura como ésta, se sugiere consultar el repositorio de módulos de la empresa ActiveState. La versión de Perl que se usó para los scripts de este libro fue descargada del sitio web de esa empresa. Esta versión viene con una utilidad que se llama Perl Package Manager (PPM), que da acceso a la base de datos de módulos de ActiveState. Estos módulos están listos para ser usados y el PPM se encarga de hacer la instalación del módulo que le interese. El proceso se lleva a cabo de una forma transparente para el usuario. Para ejecutarla, simplemente se escribe **ppm** en una ventana terminal (*Shell window* en el caso de Linux, OS X, *command prompt* en el caso de Windows)

Una vez ejecutado, aparecerá una ventana como se muestra en la figura 6.5. Tomando en cuenta el ejemplo anterior, busquemos Math-Complex en la base de datos de módulos. La figura 6.6 muestra como luce el PPM al encontrar el módulo. Como puede notarse, el módulo ya está instalado (véase la columna que dice installed) Adicionalmente, verifica que versión está instalada y cuál es la última disponible. En nuestro caso, ambas coinciden.

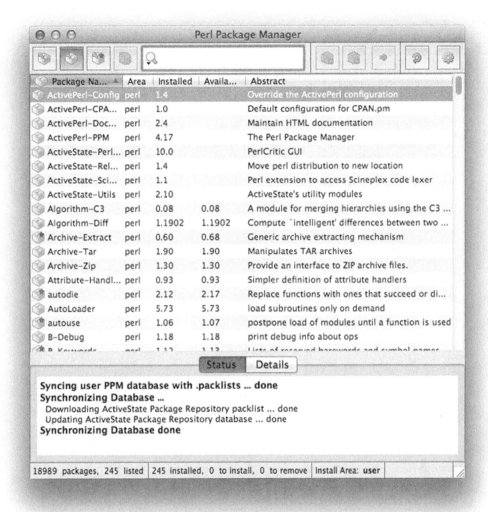

**Figura 6.5.** Perl Package Manager.

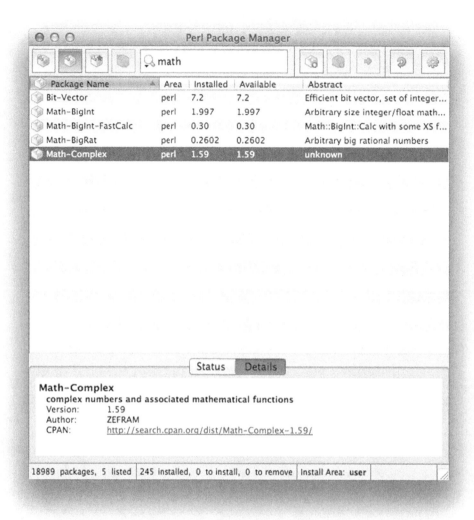

**Figura 6.6.** Perl Package Manager mostrando el módulo Math-Complex.

# Parte III. Programación gráfica

# Capítulo 7
# El poder de Perl
# Tkx

## 7.1 Introducción

Perl Tkx es un conjunto de herramientas que permiten a Perl ser visual, como Visual Basic© por ejemplo. Sin este tipo de herramientas no es posible programar aplicaciones gráficas con ventanas, botones, cajas de texto (*text boxes*), etc. Cada uno de estos objetos se les conoce con el nombre en inglés de *widgets*. Y este es el nombre que vamos a usar.

A continuación veremos un pedacito de código con la intención de ver cómo funciona Perl Tkx.

*Script 7.1*

```
1  use Tkx;
2  $mw = Tkx::widget->new(".");
3  Tkx::MainLoop();
```

**Figura 7.1.** Salida del script 7.1.

En la primera línea se declara la instrucción que invoca el módulo Tkx. Solamente con esta línea es posible hacer muchísimas cosas de forma similar a cualquier otro lenguaje de programación visual.

En la segunda línea se construye la ventana principal. La tercera línea es la que hace la ventana pueda mostrarse.

Ahora sí, pongámosle un poco más de sabor a esto. A medida que vayamos viendo más *widgets*, le iremos poniendo más complejidad a nuestros scripts.

## 7.2 Etiquetas (*labels*)

El uso de este *widget* permite agregar instrucciones, comentarios, títulos, etc. a una aplicación. Veamos el siguiente ejemplo.

*Script 7.2*

```
1   use Tkx;
2   $mw = Tkx::widget->new(".");
3   $mw->g_wm_title("Test");
4   $mw->g_wm_minsize(300,200);
5   $b = $mw->new_label(
6      -text => "Hello, world");
7   $b->g_place(-x=>10,-y=>10);
8   Tkx::MainLoop()
```

En la tercera línea se le agrega título a la ventana creada en la línea anterior. En la línea 4 se le da dimensiones mínimas a la ventana. El primer valor corresponde al ancho de la ventana y el segundo valor corresponde a la altura. Esto quiere decir que se le puede aumentar el tamaño a la ventana, pero no disminuir más allá de estas dimensiones. En la línea 5 se crea la etiqueta que usaremos como ejemplo y en la línea 6 se agrega el contenido de información que se desea mostrar. Una vez que el objeto es creado, se puede referir a él siempre por el nombre con el que se definió, en este caso, con la variable $b. La séptima línea ubica la etiqueta en la posición deseada.

La figura siguiente muestra la salida del script 7.2

**Figura 7.2.** Salida del script 7.2.

## 7.3 Botones (*buttons*)

Un botón se usa comúnmente para que el script ejecute un conjunto de instrucciones. Veamos el siguiente script.

*Script 7.3*

```
1   use Tkx;
2   $mw = Tkx::widget->new(".");
3   $mw->g_wm_title("Test");
4   $mw->g_wm_minsize(300,80);
5   $mw->configure(-width=>300,-height=>150);
6   $label = $mw->new_label(
7      -text => "Presione este boton a ver que pasa");
8   $label->g_place(-x=>10,-y=>10);
9   $boton=$mw->new_button(-text=>"Adios!",-command=>sub{$mw->g_destroy;});
10  $boton->g_place(-x=>10,-y=>30);
11  Tkx::MainLoop()
```

En la línea 5 se ha definido el tamaño que la ventana tendrá al ejecutarse el script. Esto no implica que el tamaño no pueda aumentar o disminuir. En este caso no tiene límites para aumentar sus dimensiones, más allá de las que limite el tamaño de la pantalla de su monitor. Sin embargo, en la línea 4 hemos dicho que sus dimensiones no podrán ser menores que 300x80. Entre las líneas 6 y 8 hemos creado una etiqueta. En la línea 9 se crea el botón, que al ser presionado ejecutará la instrucción (o conjunto de ellas como una subrutina) definida por la opción *–command*. En este caso, cerrar la ventana y por consiguiente darle fin a la ejecución del script. En la línea 10 se establece la posición del botón. La figura 7.3 muestra la salida del script.

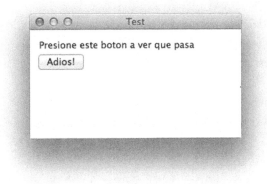

**Figura 7.3.** Salida del script 7.3

Para la ubicación de los *widgets* en la ventana, hemos usado la opción **place**. A mi en particular me gusta más esta, en comparación con la opción **pack**, pues tengo control de la posición exacta, definida por coordenadas, donde deseo que se ubiquen los *widgets* (en este caso la etiqueta y el botón) Es importante destacar que el origen de coordenadas, es decir **x=0** y **y=0** se encuentra en la esquina superior izquierda y crecen hacia abajo y hacia la derecha de la ventana.

## 7.4 Radiobotones (*radiobuttons*)

Con estos elementos se tiene la posibilidad de ofrecer varias opciones antes de la ejecución de un programa, pero con la condición que sólo una de ellas puede ser seleccionada. Por ejemplo, opciones del tipo: sexo (masculino o femenino), tipo de adquisición de datos sísmicos (terrestre, marina, OBC), etc. Las opciones pueden ser dos o más. Veamos el siguiente ejemplo.

*Script 7.4*

```
1   use Tkx;
2
3   #Inicializando variables que controlan valores de los radiobotones
4   $onoffg=0;
5   $onoffb=0;
6
7   #Construccion de la ventana principal
8   $mw = Tkx::widget->new(".");
9   $mw->g_wm_title("Test Avanzado");
10  $mw->configure(-width=>442,-height=>200);
11  $mw->g_wm_resizable(0,0);
12
13  $label = $mw->new_label(-text => "Tipo de test:");
14  $label->g_place(-x=>10,-y=>10);
15
16  #Etiqueta que muestra la selección
17  $MensajeSeleccion=$mw->new_label(-textvariable=>\$mensaje);
18  $MensajeSeleccion->g_place(-x=>180,-y=>20);
19
20  #Etiqueta sobre autor
21  $Autor=$mw->new_label(-text=>"Este script ha sido hecho por Dorian A. Oria
    S.");
22  $Autor->g_place(-x=>10,-y=>160);
23
24  #Radiobotones
25  $geo=$mw->new_radiobutton(-command=>sub{&check_geo},-text=>'Geofonos',-
    variable=>\$onoffg);
26  $geo->g_place(-x=>10,-y=>30);
27  $box=$mw->new_radiobutton(-command=>sub{&check_box},-text=>'Cajas
    (boxes)',-variable=>\$onoffb);
28  $box->g_place(-x=>10,-y=>60);
29
30  #Boton Exit (Salida)
31  $boton=$mw->new_button(-text=>"Adios!",-command=>sub{$mw->g_destroy;});
```

```
32  $boton->g_place(-x=>350,-y=>160);
33  Tkx::MainLoop();
34
35  #Subrutina que devuelve el mensaje de haber seleccionado geofonos
36  sub check_geo {
37  $onoffg=1;
38  $onoffb=0;
39  $mensaje="Usted ha seleccionado Geofonos, es decir, opción $onoffg";
40  $onoffg="";
41  }
42
43  #Subrutina que devuelve el mensaje de haber seleccionado cajas (boxes)
44  sub check_box {
45  $onoffb=2;
46  $onoffg=0;
47  $mensaje="Usted ha seleccionado cajas (boxes), es decir, opción $onoffb";
48  $onoffb="";
49  }
```

Como vamos avanzando en la realización de scripts más complejos, podrá darse cuenta que el script anterior está comentado. Como ya se mencionó anteriormente, esto permite entender luego el script cuando tiempo más tarde quiere retomarse su programación o se desea reusarlo.

Los radiobotones deben tener una variable asociada que permita después, entre otras cosas, controlar su apariencia cuando es seleccionado. Esto es lo que se hace en las líneas 4 y 5. La variable $onoffg y $onoffb se inicializan a cero y corresponden a las opciones "geófonos" y "cajas" respectivamente.

Entre las líneas 8 y 11 se construye la ventana principal del programa. En la línea 11 estamos usando otra opción sobre manejo de ventanas, en la cual estamos diciendo que no ofrecemos la opción de cambiar el tamaño de la ventana. Este permanecerá fijo durante la ejecución del programa.

Para dar información al usuario sobre las opciones que se están ofreciendo, se construye una etiqueta con un título entre las líneas 13 y 14: "Tipo de test:".

Cuando alguno de los radiobotones sea seleccionado, esto hará que se genere un mensaje. La etiqueta que mostrará este mensaje se construye en las líneas 17 y 18.

En las líneas 21 y 22 se construye una etiqueta que muestra información sobre autoría del script.

Los radiobotones se construyen entre las líneas 25 y 28. Entre las opciones que hemos agregado a cada radibotón está la instrucción *–command* que indica las instrucciones que se ejecutarán al ser presionado. Este conjunto de instrucciones en este caso están dadas por una subrutina. Nótese que el nombre de la subrutina lleva antes el signo &. La opción *–text* sirve para mostrar una etiqueta de ese radiobotón, usualmente información sobre lo que ese radiobotón ofrece como opción. Usamos la opción *–variable* para asignarle una variable que registre el comportamiento del botón ($onoffg y $onoffb, para geófonos y cajas respectivamente)

Entre las líneas 31 y 32 hemos construido el botón de salida.

La instrucción de la línea 33 es muy importante, pues es la que hace que se dibuje la ventana y se muestre.

Las subrutinas que serán invocadas al presionarse los radiobotones están programadas entre las líneas 36 a la 49.

Entre las líneas 36 y 41 está programada la subrutina que será invocada al seleccionar "Geófonos" como opción. Hemos asignado el valor 1 a $onoffg sólo para luego construir el mensaje de la línea 39.

La variable $onoffb le hemos asignado el valor 0 (línea 38), lo cual permitirá que siempre esté en blanco (no seleccionadas) toda vez que esté activa la otra selección. En el caso de la variable $onoffg le hemos asignado una cadena *vacía* (línea 40), de modo que al ser seleccionada, se ilumine con un punto que le es característico. Invitamos al usuario a poner estas líneas como comentario y ver como se comporta el script. El mensaje que se mostrará cada vez que la opción "Geófonos" sea seleccionada se construye en la línea 39.

Toda la explicación dada en el párrafo anterior aplica para el caso de la subrutina correspondiente a la selección "Cajas"

La figura 7.4 muestra la salida del script 7.4 apenas se ejecuta. Como puede notarse, no hay ninguna opción seleccionada.

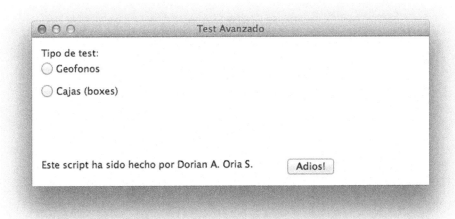

**Figura 7.4.** Salida del script 7.4.

Al seleccionarse la opción "Geófonos" la aplicación lucirá como se muestra en la figura 7.5.

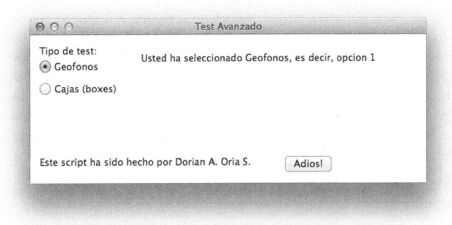

**Figura 7.5.** Salida del script 7.4, mostrando la opción "Geófonos" seleccionada.

Al seleccionarse la opción "Cajas (boxes)" la aplicación lucirá como se muestra en la figura 7.6.

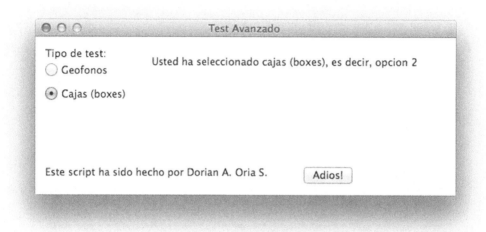

**Figura 7.6.** Salida del script 7.4, mostrando la opción "Cajas (boxes)" seleccionada.

## 7.5 Botón de chequeo (*checkbutton*)

A diferencia de los radiobotones, este *widget* permite seleccionar más de una opción. Por ejemplo, áreas de interés (deportes, viajes, libros, películas, etc), pruebas, colores. En un procesador de textos has visto que es posible cambiar las propiedades de las letras: cursiva, negrita, subrayada, etc. Tomando en cuenta el ejemplo anterior, el chequeo de instrumentos en operaciones de adquisición de datos sísmicos usualmente incluye, en el caso de los geófonos, las siguientes pruebas: resistencia (*resistance*), fuga (*leakage*), inclinación (*tilt*) y ruido (*noise*) Se puede escoger un solo análisis o se pueden escoger todos. Ninguno limita la ejecución del otro. Esto puede ser bastante útil cuando, por ejemplo, se desea repetir sólo una de las pruebas. Veamos el siguiente ejemplo.

*Script 7.5*

| 1 | use Tkx; |
|---|---|
| 2 | |
| 3 | #Inicializando variables que controlan valores de los radiobotones |

```
4    $onoffg=0;
5    $onoffb=0;
6
7    #Construccion de la ventana principal
8    $mw = Tkx::widget->new(".");
9    $mw->g_wm_title("Test Checkbuttons");
10   $mw->configure(-width=>550,-height=>300);
11   $mw->g_wm_resizable(0,0);
12
13   $label = $mw->new_label(-text => "Tipo de test:");
14   $label->g_place(-x=>10,-y=>10);
15
16   #Etiqueta que muestra la selección
17   $MensajeSeleccion=$mw->new_label(-textvariable=>\$mensaje);
18   $MensajeSeleccion->g_place(-x=>150,-y=>10);
19
20   #Radiobotones
21   $geo=$mw->new_radiobutton(-command=>sub{&check_geo},-text=>'Geofonos',-
     variable=>\$onoffg);
22   $geo->g_place(-x=>10,-y=>30);
23   $box=$mw->new_radiobutton(-command=>sub{&impbox},-text=>'Cajas
     (boxes)',-variable=>\$onoffb);
24   $box->g_place(-x=>10,-y=>60);
25
26   #Checkbuttons
27   $LabelTypeGeophoneTest=$mw->new_label(-text=>'Pruebas de Geofonos');
28   $LabelTypeGeophoneTest->g_place(-x=>150,-y=>30);
29
30   $ResistanceCheckButton=$mw->new_checkbutton(-
     command=>sub{&Resistance},-text=>'Resistencia',-variable => \$valorR,-state =>
     'disable');
31   $ResistanceCheckButton->g_place(-x=>150,-y=>60);
32   $LabelRes=$mw->new_label(-textvariable=>\$SelMesR);
33   $LabelRes->g_place(-x=>350,-y=>60);
34
35
36   $LeakageCheckButton=$mw->new_checkbutton(-command=>sub{&Leakage},-
     text=>'Fuga (leakage)',-variable => \$valorL,-state => 'disable');
```

```
37  $LeakageCheckButton->g_place(-x=>150,-y=>90);
38  $LabelRes=$mw->new_label(-textvariable=>\$SelMesL);
39  $LabelRes->g_place(-x=>350,-y=>90);
40
41  $TiltCheckButton=$mw->new_checkbutton(-command=>sub{&Tilt},-
    text=>'Inclinacion(Tilt)',-variable => \$valorT,-state => 'disable');
42  $TiltCheckButton->g_place(-x=>150,-y=>120);
43  $LabelRes=$mw->new_label(-textvariable=>\$SelMesT);
44  $LabelRes->g_place(-x=>350,-y=>120);
45
46  $NoiseCheckButton=$mw->new_checkbutton(-command=>sub{&Noise},-
    text=>'Ruido (Noise)',-variable => \$valorN,-state => 'disable');
47  $NoiseCheckButton->g_place(-x=>150,-y=>150);
48  $LabelRes=$mw->new_label(-textvariable=>\$SelMesN);
49  $LabelRes->g_place(-x=>350,-y=>150);
50  ##############################################################
    ##########
51
52  #Boton de salida
53  $exitbutton=$mw->new_button(-text=>'Adios!',-command=>sub{exit});
54  $exitbutton->g_place(-x=>380,-y=>260,-width=>80);
55  ##############################################################
    ##########
56
57  #Etiqueta sobre autor
58  $Autor=$mw->new_label(-text=>"Este script ha sido hecho por Dorian A. Oria S.");
59  $Autor->g_place(-x=>10,-y=>260);
60
61  Tkx::MainLoop();
62
63  #Fin de construcción de toda la interfaz
64  ##############################################################
    ##########
65
66  sub check_geo {
67  $onoffg="";
68  $onoffb=0;
69  $ResistanceCheckButton->configure(-state => 'active');
```

```perl
70   $LeakageCheckButton->configure(-state => 'active');
71   $TiltCheckButton->configure(-state => 'active');
72   $NoiseCheckButton->configure(-state => 'active');
73   $mensaje="Usted ha seleccionado Geofonos";
74
75   }
76
77   sub impbox {
78   $onoffg=0;
79   $onoffb="";
80   $ResistanceCheckButton->configure(-state => 'disable');
81   $LeakageCheckButton->configure(-state => 'disable');
82   $TiltCheckButton->configure(-state => 'disable');
83   $NoiseCheckButton->configure(-state => 'disable');
84   $mensaje="Usted ha seleccionado Cajas (boxes)";
85   }
86
87   sub Resistance {
88   if ($valorR==1) {
89     $ResistanceCheckButton->configure(-fg=>'red');
90
91     $SelMesR="Selected Resistance";
92   }
93   if ($valorR==0) {
94     $ResistanceCheckButton->configure(-fg=>'black');
95     $SelMesR="Unselected Resistance";
96   }
97   }
98
99   sub Leakage {
100  if ($valorL==1) {
101    $LeakageCheckButton->configure(-fg=>'red');
102    $SelMesL="Selected Leakage";
103  }
104  if ($valorL==0) {
105  $LeakageCheckButton->configure(-fg=>'black');
106    $SelMesL="Unselected Leakage";
107  }
108  }
```

```
109
110   sub Tilt {
111   if ($valorT==1) {
112     $TiltCheckButton->configure(-fg=>'red');
113     $SelMesT="Selected Tilt";
114   }
115   if ($valorT==0) {
116     $TiltCheckButton->configure(-fg=>'black');
117     $SelMesT="Unselected Tilt";
118   }
119   }
120
121   sub Noise {
122   if ($valorN==1) {
123     $NoiseCheckButton->configure(-fg=>'red');
124     $SelMesN="Selected Noise";
125   }
126   if ($valorN==0) {
127     $NoiseCheckButton->configure(-fg=>'black');
128     $SelMesN="Unselected Noise";
129   }
130   }
```

La figura 7.7 muestra la salida de este script.

Para este script hemos tomado el anterior (*script 7.4*) y le hemos agregado más complejidad. En este caso, se destaca que le hemos agregado los botones de chequeo y algunas características nuevas de comportamiento ante determinadas acciones. Así, vamos a explicar entonces lo nuevo que se ha agregado.

Aún cuando los radiobotones ya se han explicado para el script anterior, se han agregado otras instrucciones a las subrutinas correspondientes. Estas instrucciones están relacionadas con el comportamiento de los *checkbuttons* (voy a llamarlos así por comodidad) En el caso de la subrutina que se activa al escoger la prueba "Geofonos", es decir, **check_geo**, hemos agregado instrucciones para que activen los *checkbuttons* de las pruebas disponibles. Nótese como al ejecutar el script, todos los *widgets* que ofrecen opciones están sin selección predeterminada. Nótese a su vez como los *checkbuttons* de las pruebas de geófonos están desactivados. Al seleccionar la prueba "Geofonos", se activan los *checkbuttons* de las pruebas ofrecidas, tal como se muestra en la figura siguiente.

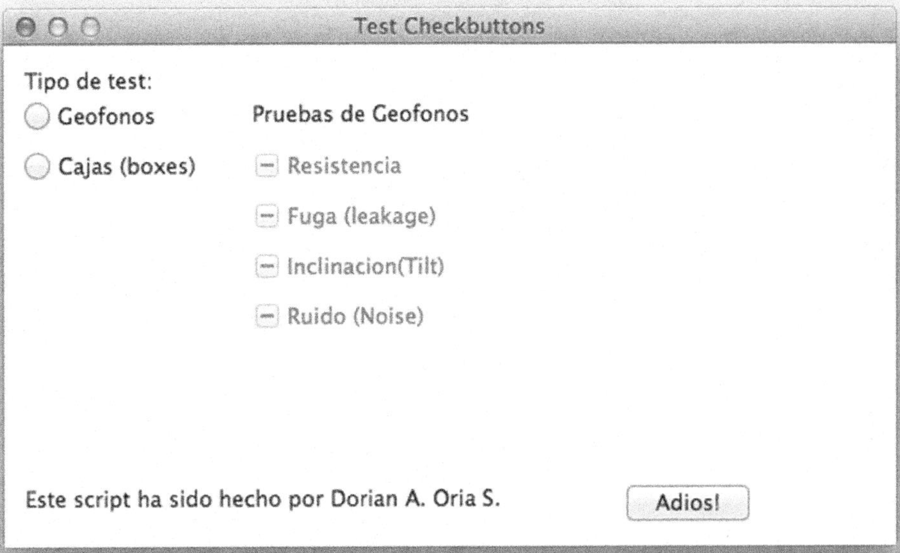

**Figura 7.7.** Salida del script 7.5.

Para habilitar los *checkbuttons* se usa la variable *-state* y se le asigna el valor "active". Para ello se accede a la configuración del *widget* usando la opción *configure* (véase línea 69, por ejemplo)

La sección que contiene los *checkbuttons* se construye entre las líneas 27 a la 49. La etiqueta que contiene el título sobre las pruebas disponibles se construye entre las líneas 27 y 28. A este *widget* también le podemos asignar una subrutina que se ejecute al ser seleccionado. Para ellos se usa, al igual que con los radiobotones, la opción *–command*. También se le puede asignar una variable que defina su estado (seleccionado o no) como en el caso de los radios botones. Esta variable puede tomar el valor 1 (activo) o 0 (desactivado) Es el equivalente a un *on* (1) *off* (0) Cuando el programa se ejecuta por vez primera, esos botones no se encuentran en ninguna de estas posiciones. Es como si su valor fuese "" (vacío)

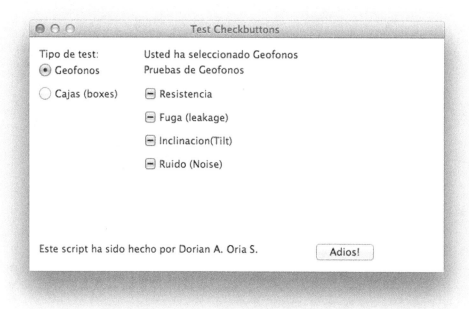

**Figura 7.8.** Salida del script 7.5, mostrando la opción "Geófonos" seleccionada.

Inicialmente no queremos ninguna opción seleccionada, por lo que usamos la variable *–state* con el valor "disable" (deshabilitada) De esta forma, no se puede seleccionar ninguna opción.

Veamos que sucede ahora al seleccionar alguna de las pruebas. Al seleccionarlas todas, la interfaz lucirá como se muestra en la figura siguiente.

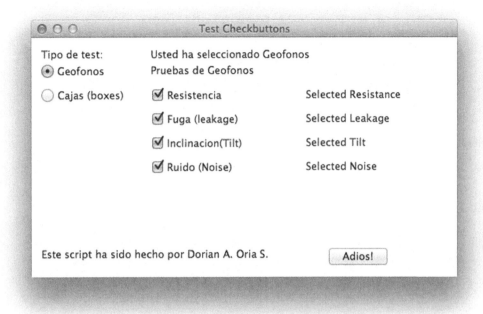

**Figura 7.9.** Salida del script 7.5, mostrando todas las pruebas de geófonos seleccionadas.

Nótese como lucen los *checkbuttons* al ser seleccionados. Los mensajes que se ven a la derecha de cada uno de ellos, se generaron en las subrutinas programadas para cada uno de ellos. Estos mensajes indican (sólo a manera de ejercicio) si el botón ha sido seleccionado o no. Estas subrutinas fueron programadas entre las líneas 87 a la 129.

Pruebe desactivando *checkbuttons* a ver que sucede. Probemos ahora activando la opción "Cajas (boxes)" Después del paso anterior, al seleccionar esta opción la interfaz lucirá como se muestra en la figura 7.10. Nótese como ahora todos los *checkbuttons* de las pruebas de geófonos están deshabilitados. Fíjese que no se han desactivado (claro que esto puede hacerse con más código), sólo se han deshabilitado. No puede hacerse nada con ellos.

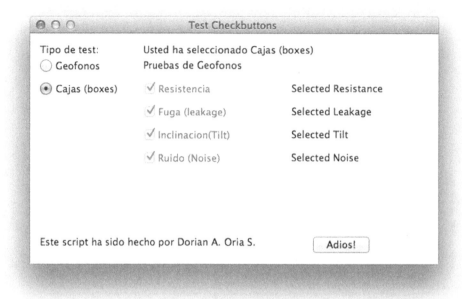

**Figura 7.10.** Salida del script 7.5, mostrando la opción "Cajas (boxes)" seleccionada.

## 7.6 Dispositivo de entrada (*entry widget*)

Este *widget* permite la entrada de valores para la ejecución de un programa. Es el equivalente a las cajas de texto (*textboxes*) en Visual C#® o Visual Basic®. Los valores pueden ser números o cadenas de texto. Las cadenas de texto pueden ser ruta a archivos, nombres, direcciones, etc.

Continuando con nuestro script, vamos a usar ahora este dispositivo con la finalidad de agregar valores *cut-off* para las pruebas que se desea chequear. Esto quiere decir, por ejemplo, que compararemos los valores de las pruebas con los que tenemos que deben satisfacer y en base a eso el script dará un veredicto sobre cuales están en buen funcionamiento y cuales no. Continuemos entonces enriqueciendo nuestro ejemplo.

*Script 7.6*

```
1   use Tkx;
2
3   #Inicializando variables que controlan valores de los radiobotones
```

```
4    $onoffg=0;
5    $onoffb=0;
6
7    #Construccion de la ventana principal
8    $mw = Tkx::widget->new(".");
9    $mw->g_wm_title("Test Checkbuttons");
10   $mw->configure(-width=>650,-height=>300);
11   $mw->g_wm_resizable(0,0);
12
13   $label = $mw->new_label(-text => "Tipo de test:");
14   $label->g_place(-x=>10,-y=>10);
15
16   #Etiqueta que muestra la selección
17   $MensajeSeleccion=$mw->new_label(-textvariable=>\$mensaje);
18   $MensajeSeleccion->g_place(-x=>150,-y=>10);
19
20   #Radiobotones
21   $geo=$mw->new_radiobutton(-command=>sub{&check_geo},-
     text=>'Geofonos',-variable=>\$onoffg);
22   $geo->g_place(-x=>10,-y=>30);
23   $box=$mw->new_radiobutton(-command=>sub{&impbox},-text=>'Cajas
     (boxes)',-variable=>\$onoffb);
24   $box->g_place(-x=>10,-y=>60);
25
26   #Checkbuttons
27   $LabelTypeGeophoneTest=$mw->new_label(-text=>'Pruebas de Geofonos');
28   $LabelTypeGeophoneTest->g_place(-x=>150,-y=>30);
29
30   $ResistanceCheckButton=$mw->new_checkbutton(-
     command=>sub{&Resistance},-text=>'Resistencia',-variable => \$valorR,-state
     => 'disable');
31   $ResistanceCheckButton->g_place(-x=>150,-y=>60);
32   $LabelRes=$mw->new_label(-textvariable=>\$SelMesR);
33   $LabelRes->g_place(-x=>280,-y=>60);
34
35
36   $LeakageCheckButton=$mw->new_checkbutton(-command=>sub{&Leakage},-
     text=>'Fuga (leakage)',-variable => \$valorL,-state => 'disable');
```

```perl
37  $LeakageCheckButton->g_place(-x=>'150,-y=>90);
38  $LabelRes=$mw->new_label(-textvariable=>\$SelMesL);
39  $LabelRes->g_place(-x=>280,-y=>90);
40
41  $TiltCheckButton=$mw->new_checkbutton(-command=>sub{&Tilt},-
    text=>'Inclinacion(Tilt)',-variable => \$valorT,-state => 'disable');
42  $TiltCheckButton->g_place(-x=>150,-y=>120);
43  $LabelRes=$mw->new_label(-textvariable=>\$SelMesT);
44  $LabelRes->g_place(-x=>280,-y=>120);
45
46  $NoiseCheckButton=$mw->new_checkbutton(-command=>sub{&Noise},-
    text=>'Ruido (Noise)',-variable => \$valorN,-state => 'disable');
47  $NoiseCheckButton->g_place(-x=>150,-y=>150);
48  $LabelRes=$mw->new_label(-textvariable=>\$SelMesN);
49  $LabelRes->g_place(-x=>280,-y=>150);
50  #############################################################
    ###########
51
52  #Entradas con los parámetros de comparación para las pruebs de geófonos.
53  $res_text=$mw->new_label(-text=>'< Resistance <',-foreground=>'darkgreen');
54  $res_text->g_place(-x=>475,-y=>60);
55
56  $lim_inf = $mw->new_entry(-width => '6', -relief => 'sunken',-
    background=>'red');
57  $lim_inf->g_place(-x => 410,-y=>60);
58
59  $lim_sup=$mw->new_entry(-width => '6', -relief => 'sunken',-
    background=>'red');
60  $lim_sup->g_place(-x => 575,-y=>60);
61
62  $leak_tetxt=$mw->new_label(-text=>'Leakage >');
63  $leak_tetxt->g_place(-x=>410,-y=>90);
64
65  $lim_leak= $mw->new_entry(-width => '6', -relief => 'sunken',-
    background=>'lightgreen');
66  $lim_leak->g_place(-x => 480,-y=>90);
67
68  $tilt_text=$mw->new_label(-text=>'Tilt <');
69  $tilt_text->g_place(-x=>410,-y=>120);
```

```perl
70
71  $lim_tilt= $mw->new_entry(-width => '6', -relief => 'sunken',-
    background=>'yellow');
72  $lim_tilt->g_place(-x => 480,-y=>120);
73
74  $noise_text=$mw->new_label(-text=>'Noise <');
75  $noise_text->g_place(-x=>410,-y=>150);
76
77  $lim_noise= $mw->new_entry(-width => '6', -relief => 'sunken',-
    background=>'lightblue');
78  $lim_noise->g_place(-x => 480,-y=>150);
79
80  #Etiqueta sobre autor
81  $Autor=$mw->new_label(-text=>"Este script ha sido hecho por Dorian A. Oria
    S.");
82  $Autor->g_place(-x=>10,-y=>260);
83
84  #Boton de salida
85  $exitbutton=$mw->new_button(-text=>'Adios!',-command=>sub{exit});
86  $exitbutton->g_place(-x=>530,-y=>255,-width=>80);
87
88  Tkx::MainLoop();
89
90  #End of the construction of main window
91  ##############################################################
    ##########
92
93  sub check_geo {
94  $onoffg="";
95  $onoffb=0;
96  $ResistanceCheckButton->configure(-state => 'active');
97  $LeakageCheckButton->configure(-state => 'active');
98  $TiltCheckButton->configure(-state => 'active');
99  $NoiseCheckButton->configure(-state => 'active');
100 $mensaje="Ud. ha seleccionado la opción Geofonos ";
101 }
102
103 sub impbox {
104 $onoffg=0;
```

```perl
105  $onoffb="";
106  $ResistanceCheckButton->configure(-state => 'disable');
107  $LeakageCheckButton->configure(-state => 'disable');
108  $TiltCheckButton->configure(-state => 'disable');
109  $NoiseCheckButton->configure(-state => 'disable');
110  $mensaje="Ud. ha seleccionado la opción Cajas (boxes) ";
111  }
112
113  sub Resistance {
114  if ($valorR==1) {
115    $ResistanceCheckButton->configure(-fg=>'darkgreen');
116    $SelMesR="Selected Resistance";
117  }
118  if ($valorR==0) {
119    $ResistanceCheckButton->configure(-fg=>'black');
120    $SelMesR="Unselected Resistance";
121  }
122  }
123
124  sub Leakage {
125  if ($valorL==1) {
126    $LeakageCheckButton->configure(-fg=>'darkgreen');
127    $SelMesL="Selected Leakage";
128  }
129  if ($valorL==0) {
130  $LeakageCheckButton->configure(-fg=>'black');
131    $SelMesL="Unselected Leakage";
132  }
133  }
134
135  sub Tilt {
136  if ($valorT==1) {
137    $TiltCheckButton->configure(-fg=>'darkgreen');
138    $SelMesT="Selected Tilt";
139  }
140  if ($valorT==0) {
141    $TiltCheckButton->configure(-fg=>'black');
142    $SelMesT="Unselected Tilt";
143  }
```

```
144  }
145
146  sub Noise {
147  if ($valorN==1) {
148    $NoiseCheckButton->configure(-fg=>'darkgreen');
149    $SelMesN="Selected Noise";
150  }
151  if ($valorN==0) {
152    $NoiseCheckButton->configure(-fg=>'black');
153    $SelMesN="Unselected Noise";
154  }
155  }
```

La próxima figura muestra la salida del script.

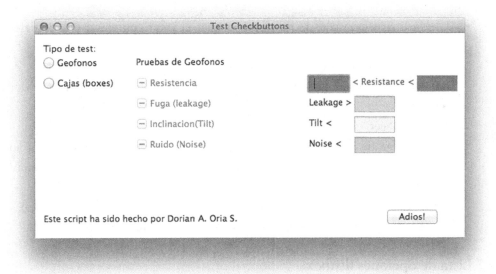

**Figura 7.11.** Salida del script 7.6.

La diferencia entre este script y el anterior está entre las líneas 51 a la 79, donde se construyen las entradas (*entry widgets*) Para cada entrada, hemos agregado una etiqueta al lado que describe el parámetro que representa. Estos valores pueden ser introducidos por parte del usuario o pueden ser leídos desde un archivo (algo así como un archivo de configuración, que en realidad puede ser un archivo de texto) Para nuestro ejemplo, los valores serán introducidos por el usuario directamente en la aplicación.

Tal como quizás haya notado, la construcción de todos los *widgets* se hace de manera similar. Claro que hay varias excepciones, dependiendo del comportamiento esperado, pero muchos de ellos tienen características similares. Nótese como hemos definido el color de fondo, ancho, respuesta. Recuerde que siempre podrá consultar la ayuda que viene con Perl para más detalles (versión de ActiveState)

Respecto a las entradas, sin embargo, vale la pena mencionar lo siguiente. Tomemos como ejemplo la entrada para el parámetro fuga (*leakage*) El nombre de esta entrada es $lim_leak (línea 65) Esta variable así no puede ser usada para ningún cálculo dentro del script, ya que la variable está definiendo al *widget* y no a su contenido. Para poder usar el valor contenido dentro del *widget* se puede recurrir a alguna de las siguientes dos opciones:

- Use la instrucción get, de forma de extraer el valor contenido dentro de la entrada. Ejemplo:
  $value_of_leakage_limit=$lim_leak->get;
  Sino se desea crear una nueva variable, siempre se podrá disponer del valor así:
  $lim_leak->get
- Al momento de crear el *widget*, puede declararse una variable que almacene su contenido. Para ello, use la opción -textvariable=>\$NombreQueDeseaParaLaVariable. Por ejemplo:
  $lim_leak= $top->Entry(-width => '6', -relief => 'sunken',-background=>'lightgreen',-textvariable=>\$value_of_leakage_limit);

## 7.7 Lista de opciones (*listbox*)

Con este *widget* se puede ofrecer de forma práctica al usuario muchas opciones para tomar en cuenta en el script, en comparación con los *widgets checkbutton* y el radibotón (*radiobutton*) Por ejemplo, si se desea escoger un modelo de automóvil, rango de salarios, hobbies, etc. *Listbox* permite escoger una o más opciones (siempre que se diseñe de esta forma)

En el próximo ejemplo, vamos a cambiar los *checkbuttons* por un *listbox*.

```
1    use Tkx;
2
3    #Inicializando variables que controlan valores de los radiobotones
4    $onoffg=0;
5    $onoffb=0;
6
7    #Construccion de la ventana principal
8    $mw = Tkx::widget->new(".");
9    $mw->g_wm_title("Test Checkbuttons");
10   $mw->configure(-width=>650,-height=>300);
11   $mw->g_wm_resizable(0,0);
12
13   $label = $mw->new_label(-text => "Tipo de test:");
14   $label->g_place(-x=>10,-y=>10);
15
16   #Etiqueta que muestra la selección
17   $MensajeSeleccion=$mw->new_label(-textvariable=>\$mensaje);
18   $MensajeSeleccion->g_place(-x=>150,-y=>10);
19
20   #Etiqueta para mostrar la prueba seleccionada
21   $SelectedTestLabelMessage=$mw->new_label(-textvariable=>\$SelectedTestMes
     sage,-justify=>'left');
22   $SelectedTestLabelMessage->g_place(-x=>120,-y=>100);
23
24   #Radiobotones
25   $geo=$mw->new_radiobutton(-command=>sub{&check_geo},-text=>'Geofonos',-
     variable=>\$onoffg);
26   $geo->g_place(-x=>10,-y=>30);
27   $box=$mw->new_radiobutton(-command=>sub{&impbox},-text=>'Cajas
     (boxes)',-variable=>\$onoffb);
28   $box->g_place(-x=>10,-y=>60);
29
30   #Listbox
```

```
31  $TestListbox=$mw->new_listbox(-selectmode =>'multiple',-height=>4,-
    bg=>'darkgreen',-fg=>'yellow');
32  $TestListbox->insert('end','Resistance',"Leakage","Tilt","Noise");
33  $TestListbox->configure(-state=>'disabled');
34  $TestListbox->g_place(-x=>170,-y=>30);
35
36  #######################################################################
    ##########
37
38  #Entradas con los parámetros de comparación para las pruebs de geófonos.
39  $res_text=$mw->new_label(-text=>'< Resistance <',-foreground=>'darkgreen');
40  $res_text->g_place(-x=>475,-y=>60);
41
42  $lim_inf = $mw->new_entry(-width => '6', -relief => 'sunken',-
    background=>'red');
43  $lim_inf->g_place(-x => 410,-y=>60);
44
45  $lim_sup=$mw->new_entry(-width => '6', -relief => 'sunken',-background=>'red');
46  $lim_sup->g_place(-x => 575,-y=>60);
47
48  $leak_tetxt=$mw->new_label(-text=>'Leakage >');
49  $leak_tetxt->g_place(-x=>410,-y=>90);
50
51  $lim_leak= $mw->new_entry(-width => '6', -relief => 'sunken',-
    background=>'lightgreen',-textvariable=>\$LimLeak);
52  $lim_leak->g_place(-x => 480,-y=>90);
53
54  $tilt_text=$mw->new_label(-text=>'Tilt <');
55  $tilt_text->g_place(-x=>410,-y=>120);
56
57  $lim_tilt= $mw->new_entry(-width => '6', -relief => 'sunken',-
    background=>'yellow');
58  $lim_tilt->g_place(-x => 480,-y=>120);
59
60  $noise_text=$mw->new_label(-text=>'Noise <');
61  $noise_text->g_place(-x=>410,-y=>150);
62
63  $lim_noise= $mw->new_entry(-width => '6', -relief => 'sunken',-
    background=>'lightblue');
```

```
64   $lim_noise->g_place(-x => 480,-y=>150);

65

66   #Botón Enter
67   $EnterButton=$mw->new_button(-text=>'Enter',-
     command=>sub{&ShowMessage});
68   $EnterButton->g_place(-x=>440,-y=>255,-width=>80);

69

70   ###########################################################
     ##########
71   #Etiqueta sobre autor
72   $Autor=$mw->new_label(-text=>"Este script ha sido hecho por Dorian A. Oria
     S.");
73   $Autor->g_place(-x=>10,-y=>260);

74

75   #Boton de salida
76   $exitbutton=$mw->new_button(-text=>'Adios!',-command=>sub{exit});
77   $exitbutton->g_place(-x=>530,-y=>255,-width=>80);

78

79   Tkx::MainLoop();

80

81   #Fin de construcción de la interfaz principal
82   ###########################################################
     ##########
83   #Subrutinas
84   sub check_geo {
85   $onoffg="";
86   $onoffb=0;
87   $TestListbox->configure(-state=>'normal');
88   $mensaje="Ud. ha seleccionado la opcion Geofonos";

89

90   }

91

92   sub impbox {
93   $onoffg=0;
94   $onoffb="";
95   $TestListbox->configure(-state=>'disabled');
96   $mensaje="Ud. ha seleccionado la opcion Cajas (boxes)";
97   }
```

```
98
99    sub ShowMessage {
100   $SelectedTestMessage1="Ud. ha seleccionado las siguientes pruebas:\n";
101   $SelectedTestMessage2="";
102   $listaElementos=$TestListbox->curselection; #se obtiene una cadena con los
      índices de los elementos seleccionados, separados por espacios.
103   @NSelectedTest=split(" ",$listaElementos);
104   $length=@NSelectedTest;
105   for ($i=0;$i<$length;$i++) {
106     $SelectedTest[$i]=$TestListbox->get($NSelectedTest[$i]);
107     $SelectedTestMessage2=$SelectedTestMessage2."$SelectedTest[$i]\n";
108   }
109   $SelectedTestMessage=$SelectedTestMessage1.$SelectedTestMessage2;
110   }
```

La figura 7.12 muestra la salida del script.

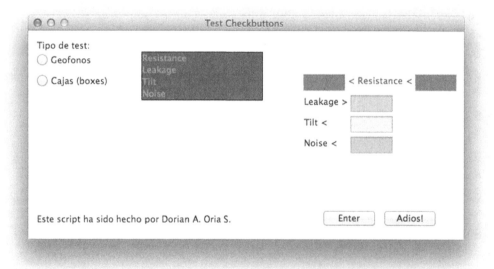

**Figura 7.12.** Salida del script 7.7.

De la misma forma en como lo hemos hecho para los scripts anteriores, sólo discutiremos los nuevos cambios. Lo primero que llama la atención es que el script tiene menos líneas. De hecho, en la definición de los *checkbuttons* hemos invertido poco más de 20 líneas, en comparación con las 4 que invertimos para crear el *listbox*.

La construcción del *listbox* comienza en la línea 31:

$TestListbox=$mw->new_listbox(-selectmode=>'multiple',-height=>4,-bg=> 'darkgreen',-fg=>'yellow');

Una propiedad interesante de este *widget* es la opción –*selectmode*. En este caso hemos asignado la opción '*multiple*'. Esto nos permite seleccionar más de una opción. Sin embargo, puede ser programado para que sólo permita una opción (*single*). Otras opciones posibles son: *browse* y *extended*. Esta última funciona de forma similar a la opción *multiple*. La diferencia es que, para poder seleccionar más de una opción, es necesario mantener presionada la tecla *Ctrl* o *Shift*. Le sugerimos hacer el cambio en el script y ver el comportamiento. Las opciones *single* y *browse* (opción predeterminada) tienen un comportamiento similar. Sólo para efectos de ilustración, hemos cambiado el color del fondo (*background*) y del primer plano (*foreground*) del *widget*. El *foreground* afecta el color de las letras antes de que cada opción sea seleccionada.

Cuando el script es ejecutado, el *listbox* está deshabilitado. Es necesario agregar las opciones (línea 32), antes de activar la propiedad deshabilitado (*disabled*, línea 33) Algo que no debe ser olvidado es que, para que el *widget* sea visible, este debe ser ubicado (línea 34) Hemos hecho esto con la instrucción *g_place*.

El *listbox* se habilitará durante la ejecución, cuando se selecciona la opción "Geófonos". La aplicación lucirá como se muestra en la figura siguiente.

En la línea 21 hemos agregado una etiqueta para mostrar las pruebas que se han seleccionado. El mensaje mostrará el contenido de la etiqueta que hemos llamado $SelectedTestMessage.

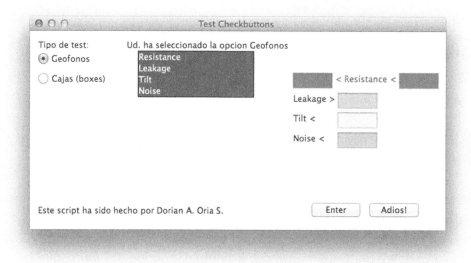

**Figura 7.13.** Salida del script 7.7, después de haber seleccionado la opción "Geófonos".

Debido a que el *widget listbox* no tiene la opción –*command*, hemos agregado un botón adicional en la línea 67, para que se ejecuten un conjunto de instrucciones después de haber seleccionado las pruebas. Estas instrucciones consisten en mostrar un mensaje con las pruebas seleccionadas (figura 7-14). Esto ocurre en la subrutina ShowMessage (línea 99), invocada desde el botón "Enter".

El mensaje que contiene las pruebas seleccionadas estará contenido en la variable $SelectedTestMessage2. Cada vez que presionemos "Enter" queremos que esta variable nos muestre las pruebas seleccionadas inmediatamente después. Es por eso que la inicializamos con una cadena vacía ("") cada vez.

El *listbox* ofrece una opción que permite extraer, mediante una cadena de texto, los índices de los elementos seleccionados de la lista. Esto lo hacemos en la línea 102 mediante la opción *curselection*. Recuerde que Perl indexa desde 0, por lo que el primer índice corresponde a cero y así sucesivamente. La cadena de texto es almacenada en la variable $listaElementos.

Ahora procederemos a construir el arreglo que contendrá los índices de las pruebas seleccionadas. Esto lo hacemos en la línea 103. La cantidad de elementos que tiene este arreglo la obtenemos en la línea 104.

El ciclo *for-next* que empieza en la línea 105 es el que permite extraer los nombres de las pruebas. Para ello necesitamos los índices de las pruebas seleccionadas, lo cual ya hicimos previamente. Para obtener el nombre de las pruebas usamos la instrucción *get* y entre paréntesis colocamos el valor del índice, los cuales están contenidos en el arreglo @NSelectedTest.

El mensaje finalmente lo construimos con la variable $SelectedTestMessage2 en la línea 107. El mensaje se va construyendo a medida que se repite el ciclo *for-next*.

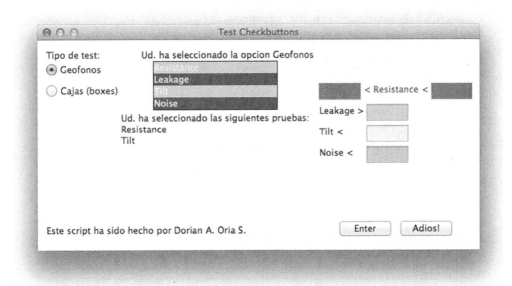

**Figura 7.14.** Salida del script 7.7, después de haber seleccionado varias pruebas desde el *listbox*.

Hay dos formas de introducir datos en un *listbox*: elemento por elemento, directamente en el *widget* (tal como lo hemos hecho en el script anterior en la línea 32 con el método *insert*); y a través de una cadena de texto, cuyos elementos están separados por un espacio. Esta cadena de texto puede no ser fácil de construir, sobre todo cuando se trata de muchos elementos. Para ello, podemos recurrir a un arreglo y luego construir la cadena con un ciclo *foreach*. El siguiente script es una variante del anterior.

```
1    use Tkx;
2
3    #Inicializando variables que controlan valores de los radiobotones
4    $onoffg=0;
5    $onoffb=0;
6
7    #Construcción de variable para poblar el listbox
8    @pruebas=("Resistance","Leakage","Tilt","Noise");
9    @pruebas=sort {$a cmp $b} (@pruebas);
10   $pruebas = ';
11   foreach $i (@pruebas) {$pruebas = $pruebas . '{' . $i . '}';};
12   #Construccion de la ventana principal
13   $mw = Tkx::widget->new(".");
14   $mw->g_wm_title("Test Checkbuttons");
15   $mw->configure(-width=>650,-height=>300);
16   $mw->g_wm_resizable(0,0);
17
18   $label = $mw->new_label(-text => "Tipo de test:");
19   $label->g_place(-x=>10,-y=>10);
20
21   #Etiqueta que muestra la selección
22   $MensajeSeleccion=$mw->new_label(-textvariable=>\$mensaje);
23   $MensajeSeleccion->g_place(-x=>150,-y=>10);
24
25   #Etiqueta para mostrar la prueba seleccionada
26   $SelectedTestLabelMessage=$mw->new_label(-textvariable=>\$SelectedTestMes
     sage,-justify=>'left');
27   $SelectedTestLabelMessage->g_place(-x=>120,-y=>100);
28
29   #Radiobotones
30   $geo=$mw->new_radiobutton(-command=>sub{&check_geo},-text=>'Geofonos',-
     variable=>\$onoffg);
31   $geo->g_place(-x=>10,-y=>30);
32   $box=$mw->new_radiobutton(-command=>sub{&impbox},-text=>'Cajas
     (boxes)',-variable=>\$onoffb);
```

```perl
33   $box->g_place(-x=>10,-y=>60);

34

35   #Listbox
36   $TestListbox=$mw->new_listbox(-listvariable => \$pruebas,-selectmode
     =>'multiple',-height=>4,-bg=>'darkgreen',-fg=>'yellow');
37   $TestListbox->configure(-state=>'disabled');
38   $TestListbox->g_place(-x=>170,-y=>30);

39

40   ##################################################################
     ##########

41

42   #Entradas con los parámetros de comparación para las pruebs de geófonos.
43   $res_text=$mw->new_label(-text=>'< Resistance <',-foreground=>'darkgreen');
44   $res_text->g_place(-x=>475,-y=>60);

45

46   $lim_inf = $mw->new_entry(-width => '6', -relief => 'sunken',-
     background=>'red');
47   $lim_inf->g_place(-x => 410,-y=>60);

48

49   $lim_sup=$mw->new_entry(-width => '6', -relief => 'sunken',-background=>'red');
50   $lim_sup->g_place(-x => 575,-y=>60);

51

52   $leak_tetxt=$mw->new_label(-text=>'Leakage >');
53   $leak_tetxt->g_place(-x=>410,-y=>90);

54

55   $lim_leak= $mw->new_entry(-width => '6', -relief => 'sunken',-
     background=>'lightgreen',-textvariable=>\$LimLeak);
56   $lim_leak->g_place(-x => 480,-y=>90);

57

58   $tilt_text=$mw->new_label(-text=>'Tilt <');
59   $tilt_text->g_place(-x=>410,-y=>120);

60

61   $lim_tilt= $mw->new_entry(-width => '6', -relief => 'sunken',-
     background=>'yellow');
62   $lim_tilt->g_place(-x => 480,-y=>120);

63

64   $noise_text=$mw->new_label(-text=>'Noise <');
```

```perl
65   $noise_text->g_place(-x=>410,-y=>150);
66
67   $lim_noise= $mw->new_entry(-width => '6', -relief => 'sunken',-
     background=>'lightblue');
68   $lim_noise->g_place(-x => 480,-y=>150);
69
70   #Botón Enter
71   $EnterButton=$mw->new_button(-text=>'Enter',-
     command=>sub{&ShowMessage});
72   $EnterButton->g_place(-x=>440,-y=>255,-width=>80);
73
74
75   #Etiqueta sobre autor
76   $Autor=$mw->new_label(-text=>"Este script ha sido hecho por Dorian A. Oria
     S.");
77   $Autor->g_place(-x=>10,-y=>260);
78
79   #Boton de salida
80   $exitbutton=$mw->new_button(-text=>'Adios!',-command=>sub{exit});
81   $exitbutton->g_place(-x=>530,-y=>255,-width=>80);
82
83   Tkx::MainLoop();
84
85   #End of the construction of main window
86   ################################################################
     ##########
87
88   sub check_geo {
89   $onoffg="";
90   $onoffb=0;
91   $TestListbox->configure(-state=>'normal');
92   $mensaje="Ud. ha seleccionado la opcion Geofonos";
93
94   }
95
96   sub impbox {
97   $onoffg=0;
98   $onoffb="";
99   $TestListbox->configure(-state=>'disabled');
```

```
100  $mensaje="Ud. ha seleccionado la opcion Cajas (boxes)";
101  }
102
103  sub ShowMessage {
104  $SelectedTestMessage1="Ud. ha seleccionado las siguientes pruebas:\n";
105  $SelectedTestMessage2="";
106  $listaElementos=$TestListbox->curselection; #se obtiene una cadena con los
       índices de los elementos seleccionados, separados por espacios.
107  @NSelectedTest=split(" ",$listaElementos);
108  $length=@NSelectedTest;
109  for ($i=0;$i<$length;$i++) {
110    $SelectedTest[$i]=$pruebas[$NSelectedTest[$i]];
111    $SelectedTestMessage2=$SelectedTestMessage2."$SelectedTest[$i]\n";
112  }
113  $SelectedTestMessage=$SelectedTestMessage1.$SelectedTestMessage2;
114  }
```

Comparando con el script 7.7, hemos eliminado la línea 32, en la que agregaban los elementos al *listbox* usando el método *insert*. Ahora en cambio hemos agregado la opción *-listvariable* durante la creación del *listbox* y le hemos asignado la variable $pruebas. Esta variable contiene, separados por espacios, los elementos que estarán listados en el *listbox*. La variable $pruebas la construimos entre las líneas 8 y 11. En la línea 8 hemos construido el arreglo @pruebas, que contiene las pruebas de geófonos. Esto puede parecer muy rebuscado. Sin embargo, se muestra sólo para efectos de ilustrar otra forma de agregar elementos a un *listbox*. Esto puede ser útil, si por ejemplo, el arreglo se alimenta de un listado que proviene de leer un archivo de texto, por ejemplo. En la línea 9 ordenamos alfabéticamente el arreglo. En la línea 10 inicializamos vacía ("") la variable que contendrá el listado de las pruebas y en la línea 11, usando un ciclo *foreach*, construimos la cadena a partir del arreglo @pruebas que construimos en la línea 8.

En el script 7.7, usamos la instrucción (línea 106):

$SelectedTest[$i]=$TestListbox->get($NSelectedTest[$i]);

Para construir el arreglo con los valores contenidos dentro del *listbox*. Ahora, hemos cambiado esa instrucción por (línea 110 del script 7.8):

$SelectedTest[$i]=$pruebas[$NSelectedTest[$i]];

Para hacer lo mismo. La diferencia es que ahora estamos usando una variable, atada al *listbox* (@pruebas)

Al ejecutar el script puede, la interfaz lucirá como se muestra en la figura 7.15.

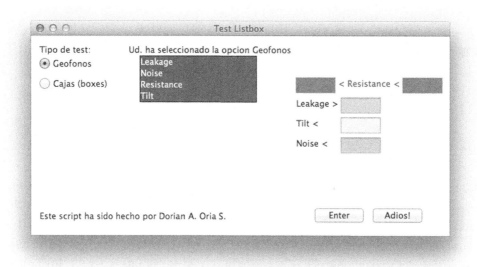

**Figura 7.15.** Salida del script 7.8, donde se nota que las pruebas han sido ordenadas alfabéticamente.

## 7.8 Texto

A diferencia del *widget* Entrada, con este *widget* podemos manejar información con más de una línea. Adicionalmente, Entrada (*entry widget*) es más usado para trabajar con variables y el *widget* Texto está diseñado para manejar más información, tal como mensajes, archivos de texto, etc.

El siguiente script es una modificación del anterior. Hemos agregado el *widget* Texto, en el cual mostraremos información de una prueba de geófonos.

```perl
1    use Tkx;
2
3    #Inicializando variables que controlan valores de los radiobotones
4    $onoffg=0;
5    $onoffb=0;
6
7    #Construcción de variable para poblar el listbox
8    @pruebas=("Resistance","Leakage","Tilt","Noise");
9    @pruebas=sort {$a cmp $b} (@pruebas);
10   $pruebas = '';
11   foreach $i (@pruebas) {$pruebas = $pruebas . ' {' . $i . '}';};
12   #Construccion de la ventana principal
13   $mw = Tkx::widget->new(".");
14   $mw->g_wm_title("Test Textbox");
15   $mw->configure(-width=>1000,-height=>550);
16   $mw->g_wm_resizable(0,0);
17
18   $label = $mw->new_label(-text => "Tipo de test:");
19   $label->g_place(-x=>10,-y=>10);
20
21   #Etiqueta que muestra la selección
22   $MensajeSeleccion=$mw->new_label(-textvariable=>\$mensaje);
23   $MensajeSeleccion->g_place(-x=>150,-y=>10);
24
25   #Etiqueta para mostrar la prueba seleccionada
26   $SelectedTestLabelMessage=$mw->new_label(-textvariable=>\$SelectedTestMes
     sage,-justify=>'left');
27   $SelectedTestLabelMessage->g_place(-x=>120,-y=>100);
28
29   #Radiobotones
30   $geo=$mw->new_radiobutton(-command=>sub{&check_geo},-text=>'Geofonos',-
     variable=>\$onoffg);
31   $geo->g_place(-x=>10,-y=>30);
32   $box=$mw->new_radiobutton(-command=>sub{&impbox},-text=>'Cajas
     (boxes)',-variable=>\$onoffb);
33   $box->g_place(-x=>10,-y=>60);
34
35   #Listbox
```

```perl
36   $TestListbox=$mw->new_listbox(-listvariable => \$pruebas,-selectmode
     =>'multiple',-height=>4,-bg=>'darkgreen',-fg=>'yellow');
37   $TestListbox->configure(-state=>'disabled');
38   $TestListbox->g_place(-x=>170,-y=>30);
39
40   #########################################################
     ##########
41
42   #Entradas con los parámetros de comparación para las pruebs de geófonos.
43   $res_text=$mw->new_label(-text=>'< Resistance <',-foreground=>'darkgreen');
44   $res_text->g_place(-x=>475,-y=>60);
45
46   $lim_inf = $mw->new_entry(-width => '6', -relief => 'sunken',-
     background=>'red');
47   $lim_inf->g_place(-x => 410,-y=>60);
48
49   $lim_sup=$mw->new_entry(-width => '6', -relief => 'sunken',-background=>'red');
50   $lim_sup->g_place(-x => 575,-y=>60);
51
52   $leak_tetxt=$mw->new_label(-text=>'Leakage >');
53   $leak_tetxt->g_place(-x=>410,-y=>90);
54
55   $lim_leak= $mw->new_entry(-width => '6', -relief => 'sunken',-
     background=>'lightgreen',-textvariable=>\$LimLeak);
56   $lim_leak->g_place(-x => 480,-y=>90);
57
58   $tilt_text=$mw->new_label(-text=>'Tilt <');
59   $tilt_text->g_place(-x=>410,-y=>120);
60
61   $lim_tilt= $mw->new_entry(-width => '6', -relief => 'sunken',-
     background=>'yellow');
62   $lim_tilt->g_place(-x => 480,-y=>120);
63
64   $noise_text=$mw->new_label(-text=>'Noise <');
65   $noise_text->g_place(-x=>410,-y=>150);
66
67   $lim_noise= $mw->new_entry(-width => '6', -relief => 'sunken',-
     background=>'lightblue');
```

```
68  $lim_noise->g_place(-x => 480,-y=>150);
69
70  #Text widget
71  $ShowText=$mw->new_text(-bg=>'lightyellow',-height=>20,-width=>140);
72  $ShowText->g_place(-x=>2,-y=>180);
73
74  #Botón para abrir archivo
75  $OpenButton=$mw->new_button(-text=>'Abrir',-command=>sub{&OpenFile});
76  $OpenButton->g_place(-x=>340,-y=>510,-width=>80);
77
78  #Botón Enter
79  $EnterButton=$mw->new_button(-text=>'Enter',-
    command=>sub{&ShowMessage});
80  $EnterButton->g_place(-x=>440,-y=>510,-width=>80);
81
82  #Etiqueta sobre autor
83  $Autor=$mw->new_label(-text=>"Este script ha sido hecho por Dorian A. Oria
    S.");
84  $Autor->g_place(-x=>10,-y=>510);
85
86  #Boton de salida
87  $exitbutton=$mw->new_button(-text=>'Adios!',-command=>sub{exit});
88  $exitbutton->g_place(-x=>530,-y=>510,-width=>80);
89
90  Tkx::MainLoop();
91
92  #Fin de construcción de ventana principal
93  ##############################################################
    ##########
94
95  sub check_geo {
96  $onoffg="";
97  $onoffb=0;
98  $TestListbox->configure(-state=>'normal');
99  $mensaje="Ud. ha seleccionado la opcion Geofonos";
100 }
101
102 sub impbox {
```

```perl
103    $onoffg=0;
104    $onoffb="";
105    $TestListbox->configure(-state=>'disabled');
106    $mensaje="Ud. ha seleccionado la opcion Cajas (boxes)";
107    }
108
109    sub ShowMessage {
110    $SelectedTestMessage1="Ud. ha seleccionado las siguientes pruebas:\n";
111    $SelectedTestMessage2="";
112    $listaElementos=$TestListbox->curselection; #se obtiene una cadena con los
       índices de los elementos seleccionados, separados por espacios.
113    @NSelectedTest=split(" ",$listaElementos);
114    $length=@NSelectedTest;
115    for ($i=0;$i<$length;$i++) {
116      $SelectedTest[$i]=$pruebas[$NSelectedTest[$i]];
117      $SelectedTestMessage2=$SelectedTestMessage2."$SelectedTest[$i]\n";
118    }
119    $SelectedTestMessage=$SelectedTestMessage1.$SelectedTestMessage2;
120    }
121
122    sub OpenFile {
123    $cl=0;
124    my @types =
125        ( ["Test files",   ['*.geo','*.txt']],
126          ["All files",    "*.*"]);
127      $TestFile=Tkx::tk___getOpenFile(-filetypes=>\@types,-title=>"Test Texto",-
       defaultextension=>'geo');
128      $iresumen=$TestFile ne "";
129      $mw->g_wm_title($TestFile);
130      if ($iresumen==1) {
131        $ShowText->delete("1.0",end);
132        open (IN,$TestFile);
133        $Line=<IN>;
134        while($Line) {
135          $cl++;
136          $ShowText->insert("$cl.0",$Line);
137          $Line=<IN>;
138        }
139        close IN;
```

```
140   }
141 }
```

La figura 7.16 muestra la salida de este script.

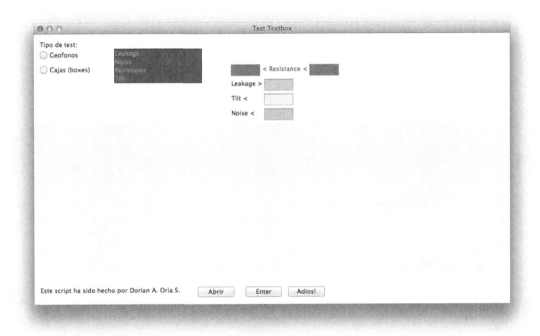

**Figura 7.16.** Salida del script 7.9.

La construcción del *widget* Texto se hizo entre las líneas 71 y 72. Hemos agregado un botón "Abrir" (líneas 75 y 76), el cual nos permitirá abrir archivos de texto, cuya extensión es la que se ha especificado en la subrutina *OpenFile*, línea 125 del script. En particular, para efectos del ejercicio, hemos asignado a los archivos que contienen las pruebas de geófonos la extensión *.geo*. Una vez que presionamos el botón "Abrir" se muestra la ventana de la figura 7.17. Al escoger la opción de abrir el archivo (*Open*), esta ventana realmente devuelve el nombre completo del archivo (incluyendo la ruta exacta de su ubicación) Para que esta ventana surja, se usa la instrucción mostrada en la línea 127 (getOpenFile) y el nombre del archivo se asigna a la variable $TestFile. Si al final no se escoge ningún archivo (*Cancel*), el valor que se devuelve es vacío ("") Así, para que se pueda saber si se ejecutarán las instrucciones de leer el archivo (entre las líneas 132 a la 139) es necesario saber si $TestFile contiene algún valor o está vacía. Para saberlo, comparamos $TestFile con la cadena vacío en la línea 128 y el resultado de la comparación lo almacenamos en la variable $iresumen. Si el valor de esta variable es uno (es decir, es diferente de vacío), entonces se abre el archivo. Caso contrario, no pasa nada.

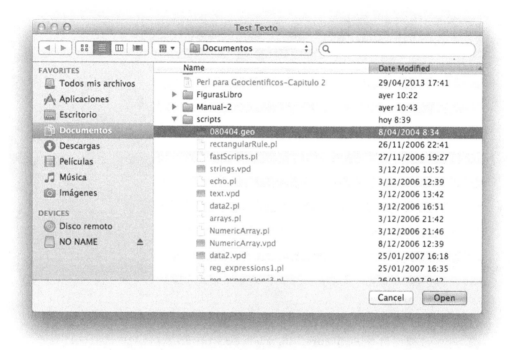

**Figura 7.17.** Ventana en la que se escogerá el archivo a abrir.

Para que el *widget* que contendrá el texto esté vacío, es necesaria la instrucción que está en la línea 131. Hemos usado el método *delete* para borrar el contenido, en caso, claro, que se haya escogido abrir un archivo. El método *delete* borrará todo lo que encuentre desde la línea 1, carácter cero (1,0) hasta el final (*end*)

Entre las líneas 132 y 139 el archivo que contiene la información es leído. Para poder insertar la información que se está leyendo dentro del *widget* Texto, es necesario usar el método *insert*. Para ello, debemos dar las coordenadas donde se insertará cada línea, las cuales tienen el siguiente formato:"$cl.0" (línea 136) La variable $cl (la cual se incrementa a medida que se lee el archivo, línea 135) indica el número de la línea dentro del *widget*. El cero (0) indica que siempre se hará la inserción desde el primer carácter. Después de las coordenadas, se introduce la variable que contiene la información que se desea introducir, que en nuestro caso, es cada línea que se lee desde el archivo de entrada ($Line, línea 136)

Después de seleccionar el archivo, la ventana que se muestra en la figura 7.16 lucirá como se muestra en la figura 7.18.

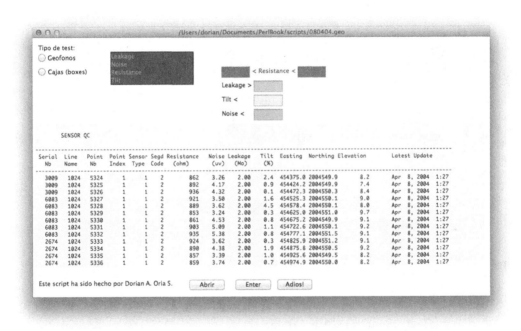

**Figura 7.18.** Interfaz principal del programa mostrando, en el *widget* Texto, un archivo de pruebas de geófonos.

El *widget* Texto se pueden usar opciones de copiado (Ctrl+c), cortado (Ctrl+x) y pegado (Ctrl+v) Adicionalmente, se puede usar las teclas Home, End, combinaciones como Ctrl+Home, Ctrl+End, Delete, Page Up, Page Dn (o sus equivalente en OSX o Linux).

## 7.9 Barra para desplazamiento (*scrollbar*)

Este es un gran momento para introducir el uso de las barras de desplazamiento. Para mi comodidad, voy a usar su nombre original en inglés *scrollbar*. Estas se usan usualmente en los *widgets listboxes*, *Texto*, Ventana principal (*Main Window*) y permiten navegar dentro del *widget*, para desplegar más información de la que normalmente puede ser contenida dentro del *widget*. El siguiente script es una variante del anterior, en el cual hemos introducido el uso de la *scrollbar*.

*Script 7.10*

```
1    use Tkx;
2
3    #Inicializando variables que controlan valores de los radiobotones
4    $onoffg=0;
5    $onoffb=0;
6
7    #Construcción de variable para poblar el listbox
8    @pruebas=("Resistance","Leakage","Tilt","Noise");
9    @pruebas=sort {$a cmp $b} (@pruebas);
10   $pruebas = ';
11   foreach $i (@pruebas) {$pruebas = $pruebas . '{' . $i . '}';};
12
13   #Construccion de la ventana principal
14   $mw = Tkx::widget->new(".");
15   $mw->g_wm_title("Test Textbox");
16   $mw->configure(-width=>1000,-height=>550);
17   $mw->g_wm_resizable(0,0);
18
19   #Creación de frame que contendra el textbox
20   $frameTexto=$mw->new_ttk__frame;
21   $frameTexto->g_place(-x=>2,-y=>180);
22
23   $label = $mw->new_label(-text => "Tipo de test:");
24   $label->g_place(-x=>10,-y=>10);
25
26   #Etiqueta que muestra la selección
27   $MensajeSeleccion=$mw->new_label(-textvariable=>\$mensaje);
28   $MensajeSeleccion->g_place(-x=>150,-y=>10);
29
30   #Etiqueta para mostrar la prueba seleccionada
31   $SelectedTestLabelMessage=$mw->new_label(-textvariable=>\$SelectedTestMess
     age,-justify=>'left');
```

```
32   $SelectedTestLabelMessage->g_place(-x=>120,-y=>100);

33

34   #Radiobotones

35   $geo=$mw->new_radiobutton(-command=>sub{&check_geo},-text=>'Geofonos',-
     variable=>\$onoffg);

36   $geo->g_place(-x=>10,-y=>30);

37   $box=$mw->new_radiobutton(-command=>sub{&impbox},-text=>'Cajas
     (boxes)',-variable=>\$onoffb);

38   $box->g_place(-x=>10,-y=>60);

39

40   #Listbox

41   $TestListbox=$mw->new_listbox(-listvariable => \$pruebas,-selectmode
     =>'multiple',-height=>4,-bg=>'darkgreen',-fg=>'yellow');

42   $TestListbox->configure(-state=>'disabled');

43   $TestListbox->g_place(-x=>170,-y=>30);

44

45   ##############################################################
     ##########

46

47   #Entradas con los parámetros de comparación para las pruebs de geófonos.

48   $res_text=$mw->new_label(-text=>'< Resistance <',-foreground=>'darkgreen');

49   $res_text->g_place(-x=>475,-y=>60);

50

51   $lim_inf = $mw->new_entry(-width => '6', -relief => 'sunken',-
     background=>'red');

52   $lim_inf->g_place(-x => 410,-y=>60);

53

54   $lim_sup=$mw->new_entry(-width => '6', -relief => 'sunken',-background=>'red');

55   $lim_sup->g_place(-x => 575,-y=>60);

56

57   $leak_tetxt=$mw->new_label(-text=>'Leakage >');

58   $leak_tetxt->g_place(-x=>410,-y=>90);

59

60   $lim_leak= $mw->new_entry(-width => '6', -relief => 'sunken',-
     background=>'lightgreen',-textvariable=>\$LimLeak);

61   $lim_leak->g_place(-x => 480,-y=>90);

62
```

```
63  $tilt_text=$mw->new_label(-text=>'Tilt <');
64  $tilt_text->g_place(-x=>410,-y=>120);
65
66  $lim_tilt= $mw->new_entry(-width => '6', -relief => 'sunken',-
    background=>'yellow');
67  $lim_tilt->g_place(-x => 480,-y=>120);
68
69  $noise_text=$mw->new_label(-text=>'Noise <');
70  $noise_text->g_place(-x=>410,-y=>150);
71
72  $lim_noise= $mw->new_entry(-width => '6', -relief => 'sunken',-
    background=>'lightblue');
73  $lim_noise->g_place(-x => 480,-y=>150);
74
75  #Text widget
76  $ShowText=$frameTexto->new_text(-bg=>'lightyellow',-height=>20,-width=>138,-
    wrap=>'none');
77  $ShowText->g_grid(-column=>0, -row=>0);
78
79  #Scrollbars
80  $s = $frameTexto->new_scrollbar(-command => [$ShowText, "yview"],-orient =>
    "vertical");
81  $s->g_grid(-column=>1,-row=>0,-sticky=>'ns');
82  $ShowText->configure(-yscrollcommand => [$s,'set']);
83
84  #Botón para abrir archivo
85  $OpenButton=$mw->new_button(-text=>'Abrir',-command=>sub{&OpenFile});
86  $OpenButton->g_place(-x=>340,-y=>510,-width=>80);
87
88  #Botón Enter
89  $EnterButton=$mw->new_button(-text=>'Enter',-
    command=>sub{&ShowMessage});
90  $EnterButton->g_place(-x=>440,-y=>510,-width=>80);
91
92  #Etiqueta sobre autor
93  $Autor=$mw->new_label(-text=>"Este script ha sido hecho por Dorian A. Oria
    S.");
94  $Autor->g_place(-x=>10,-y=>510);
```

```
95
96   #Boton de salida
97   $exitbutton=$mw->new_button(-text=>'Adios!',-command=>sub{exit});
98   $exitbutton->g_place(-x=>530,-y=>510,-width=>80);
99
100  Tkx::MainLoop();
101
102  #Fin de construcción de ventana principal
103  ################################################################
     ##########
104
105  sub check_geo {
106  $onoffg="";
107  $onoffb=0;
108  $TestListbox->configure(-state=>'normal');
109  $mensaje="Ud. ha seleccionado la opcion Geofonos";
110  }
111
112  sub impbox {
113  $onoffg=0;
114  $onoffb="";
115  $TestListbox->configure(-state=>'disabled');
116  $mensaje="Ud. ha seleccionado la opcion Cajas (boxes)";
117  }
118
119  sub ShowMessage {
120  $SelectedTestMessage1="Ud. ha seleccionado las siguientes pruebas:\n";
121  $SelectedTestMessage2="";
122  $listaElementos=$TestListbox->curselection; #se obtiene una cadena con los
     indices de los elementos seleccionados, separados por espacios.
123  @NSelectedTest=split(" ",$listaElementos);
124  $length=@NSelectedTest;
125  for ($i=0;$i<$length;$i++) {
126    $SelectedTest[$i]=$pruebas[$NSelectedTest[$i]];
127    $SelectedTestMessage2=$SelectedTestMessage2."$SelectedTest[$i]\n";
128  }
129  $SelectedTestMessage=$SelectedTestMessage1.$SelectedTestMessage2;
130  }
131
```

```
132  sub OpenFile {
133  $cl=0;
134  my @types =
135       (["Test files",   ['*.geo','*.txt']],
136        ["All files",    '*.*']);
137  $TestFile=Tkx::tk___getOpenFile(-filetypes=>\@types,-title=>"Test Texto",-
     defaultextension=>'geo');
138  $iresumen=$TestFile ne "";
139  $mw->g_wm_title($TestFile);
140  if ($iresumen==1) {
141  $ShowText->delete("1.0",end);
142  open (IN,$TestFile);
143  $Line=<IN>;
144  while($Line) {
145    $cl++;
146    $ShowText->insert("$cl.0",$Line);
147    $Line=<IN>;
148  }
149  close IN;
150  }
151  }
```

Para poder trabajar con la *scrollbar* es necesario un manejo de la geometría diferente al que hemos venido realizando con *g_place*. Para no hacer mayores cambios en el script, hemos creado un *frame* que contendrá ahora al *textbox*, de forma que no tengamos que cambiar la geometría de todos los elementos que conforman la interfaz principal. Los *frames* son bastante útiles ya que permite agrupar varios elementos dentro de una interfaz, es decir, funcionan como contenedores de otros *widgets*. En nuestro caso, creamos un *frame* entre las líneas 20 y 21. En este script, el *widget* Texto lo hemos construido entre las líneas 76 y 77. Respecto al script anterior, ahora "amarramos" el *widget* al *frame* y no a la ventana principal. Esto quiere decir que su contenedor es $frameTexto, el cual a su vez está contenido en $mw (interfaz principal) Adicionalmente, en la configuración del *widget* Texto hemos agregado la opción -wrap=>'none'. Esto quiere decir que el texto se extenderá tan grande como sean sus líneas de contenido, aún cuando el ancho del *widget* no sea suficiente para mostrar la línea completa.

Para mostrar el *widget* Texto, en el script anterior usamos la instrucción *g_place*. Como comentamos anteriormente, es necesario usar una instrucción diferente. Un manejo diferente de la geometría. Ahora usaremos la instrucción *g_grid* (línea 77) Cuando se usa *grid*, el *widget* es asignado a una columna y a una fila, lo cual indica su posición relativa respecto a otros *widgets*. Todos los *widgets* en la misma columna estarán uno encima o debajo del otro, mientras que los que están la misma fila estarán a la izquierda o derecha del otro. Para nuestro ejemplo, hemos ubicado al *widget* Texto de primero. Por eso está en la columna cero (línea 77) Después de la construcción del *widget* Texto, hemos construido las *scrollbar* (líneas 80 a la 82) En la línea 80 creamos a *scrollbar* y la configuramos. El método *-command* permite que atemos el comportamiento de la *scrollbar* al *widget* Texto y que permitirá ver en la dirección del eje "y", es decir, hacia arriba y/o abajo dentro del *widget*. El método *-orient* permite definir la disposición de la *scrollbar*, que en nuestro caso la pondremos vertical. En la línea 81 disponemos la *scrollbar* en la columna 1, dentro del *frame* que hemos definido. El método *-sticky* hace que la barra se fije dentro del espacio definido en la línea 80. Es como si en la línea hubiésemos definido el canal por el que se va a mover la barra y en la línea 81 definimos a la barra que se moverá por ese canal. Pruebe eliminando la opción *-sticky* para ver que pasa. En la línea 82, en la configuración del Texto, le decimos con la opción *-yscrollcommand* que muestre su contenido hacia arriba o hacia abajo, dependiendo de cómo se mueva la *scrollbar*.

Una vez que se ejecuta el script, aparecerá la ventana que se muestra en la figura 7.19.

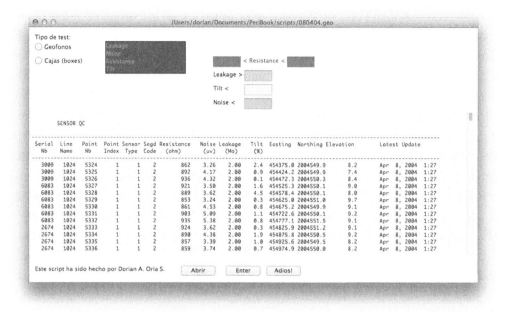

**Figura 7.19.** Salida del script 7.10. *Widget* Texto mostrando las *scroll bars*.

## 7.10 Escala (scale)

Este *widget* permite crear un *widget deslizante* (*slider widget*), representando un valor numérico con el método *scale*. Provee una forma de escoger un valor numérico a través de la manipulación directa. Se puede asociar el comportamiento de este *widget* a otro. Por ejemplo, el próximo script, basado en el anterior, permite ver el archivo cargado por página.

*Script 7.11*

```
1    use Tkx;
2
3    #Inicializando variables que controlan valores de los radiobotones
4    $onoffg=0;
5    $onoffb=0;
6    $cl2=2;
7
8    #Construcción de variable para poblar el listbox
9    @pruebas=("Resistance","Leakage","Tilt","Noise");
```

```perl
10   @pruebas=sort {$a cmp $b} (@pruebas);
11   $pruebas = '';
12   foreach $i (@pruebas) {$pruebas = $pruebas . '{' . $i . '}';};
13
14   #Construccion de la ventana principal
15   $mw = Tkx::widget->new(".");
16   $mw->g_wm_title("Test Textbox");
17   $mw->configure(-width=>1000,-height=>600);
18   $mw->g_wm_resizable(0,0);
19
20   #Creación de frame que contendra el textbox
21   $frameTexto=$mw->new_ttk__frame;
22   $frameTexto->g_place(-x=>2,-y=>180);
23
24   $label = $mw->new_label(-text => "Tipo de test:");
25   $label->g_place(-x=>10,-y=>10);
26
27   #Etiqueta que muestra la selección
28   $MensajeSeleccion=$mw->new_label(-textvariable=>\$mensaje);
29   $MensajeSeleccion->g_place(-x=>150,-y=>10);
30
31   #Etiqueta para mostrar la prueba seleccionada
32   $SelectedTestLabelMessage=$mw->new_label(-textvariable=>\$SelectedTestMes
     sage,-justify=>'left');
33   $SelectedTestLabelMessage->g_place(-x=>120,-y=>100);
34
35   #Radiobotones
36   $geo=$mw->new_radiobutton(-command=>sub{&check_geo},-text=>'Geofonos',-
     variable=>\$onoffg);
37   $geo->g_place(-x=>10,-y=>30);
38   $box=$mw->new_radiobutton(-command=>sub{&impbox},-text=>'Cajas
     (boxes)',-variable=>\$onoffb);
39   $box->g_place(-x=>10,-y=>60);
40
41   #Listbox
42   $TestListbox=$mw->new_listbox(-listvariable => \$pruebas,-selectmode
     =>'multiple',-height=>4,-bg=>'darkgreen',-fg=>'yellow');
43   $TestListbox->configure(-state=>'disabled');
44   $TestListbox->g_place(-x=>170,-y=>30);
```

```perl
45
46   #################################################################
     ##########
47
48   #Entradas con los parámetros de comparación para las pruebs de geófonos.
49   $res_text=$mw->new_label(-text=>'< Resistance <',-foreground=>'darkgreen');
50   $res_text->g_place(-x=>475,-y=>60);
51
52   $lim_inf = $mw->new_entry(-width => '6', -relief => 'sunken',-
     background=>'red');
53   $lim_inf->g_place(-x => 410,-y=>60);
54
55   $lim_sup=$mw->new_entry(-width => '6', -relief => 'sunken',-background=>'red');
56   $lim_sup->g_place(-x => 575,-y=>60);
57
58   $leak_tetxt=$mw->new_label(-text=>'Leakage >');
59   $leak_tetxt->g_place(-x=>410,-y=>90);
60
61   $lim_leak= $mw->new_entry(-width => '6', -relief => 'sunken',-
     background=>'lightgreen',-textvariable=>\$LimLeak);
62   $lim_leak->g_place(-x => 480,-y=>90);
63
64   $tilt_text=$mw->new_label(-text=>'Tilt <');
65   $tilt_text->g_place(-x=>410,-y=>120);
66
67   $lim_tilt= $mw->new_entry(-width => '6', -relief => 'sunken',-
     background=>'yellow');
68   $lim_tilt->g_place(-x => 480,-y=>120);
69
70   $noise_text=$mw->new_label(-text=>'Noise <');
71   $noise_text->g_place(-x=>410,-y=>150);
72
73   $lim_noise= $mw->new_entry(-width => '6', -relief => 'sunken',-
     background=>'lightblue');
74   $lim_noise->g_place(-x => 480,-y=>150);
75
76   #Text widget
77   $ShowText=$frameTexto->new_text(-bg=>'lightyellow',-height=>20,-width=>138,-
     wrap=>'none');
```

```
78    $ShowText->g_grid(-column=>0, -row=>0);

79

80    #Scrollbars
81    $s = $frameTexto->new_scrollbar(-command => [$ShowText, "yview"],-orient =>
      "vertical");
82    $s->g_grid(-column=>1,-row=>0,-sticky=>'nsew');
83    $ShowText->configure(-yscrollcommand => [$s,'set']);

84

85    #Scale widget
86    $setCursor=$mw->new_scale(-orient => 'horizontal', -length => 300,
      -from => 1.0, -to => 10.0,-command=>\&SelectLine, -showvalue=>1,
      -variable=>\$ScaleValue);
87    $setCursor->g_place(-x=>2,-y=>540);

88

89    #Botón para abrir archivo
90    $OpenButton=$mw->new_button(-text=>'Abrir',-command=>sub{&OpenFile});
91    $OpenButton->g_place(-x=>340,-y=>510,-width=>80);

92

93    #Botón Enter
94    $EnterButton=$mw->new_button(-text=>'Enter',-
      command=>sub{&ShowMessage});
95    $EnterButton->g_place(-x=>440,-y=>510,-width=>80);

96

97    #Etiqueta sobre autor
98    $Autor=$mw->new_label(-text=>"Este script ha sido hecho por Dorian A. Oria
      S.");
99    $Autor->g_place(-x=>10,-y=>510);

100

101   #Boton de salida
102   $exitbutton=$mw->new_button(-text=>'Adios!',-command=>sub{exit});
103   $exitbutton->g_place(-x=>530,-y=>510,-width=>80);

104

105   Tkx::MainLoop();

106

107   #Fin de construcción de ventana principal
108   ##############################################################
      ##########
```

```
109
110   sub check_geo {
111   $onoffg="";
112   $onoffb=0;
113   $TestListbox->configure(-state=>'normal');
114   $mensaje="Ud. ha seleccionado la opcion Geofonos";
115   }
116
117   sub impbox {
118   $onoffg=0;
119   $onoffb="";
120   $TestListbox->configure(-state=>'disabled');
121   $mensaje="Ud. ha seleccionado la opcion Cajas (boxes)";
122   }
123
124   sub ShowMessage {
125   $SelectedTestMessage1="Ud. ha seleccionado las siguientes pruebas:\n";
126   $SelectedTestMessage2="";
127   $listaElementos=$TestListbox->curselection; #se obtiene una cadena con los
      índices de los elementos seleccionados, separados por espacios.
128   @NSelectedTest=split(" ",$listaElementos);
129   $length=@NSelectedTest;
130   for ($i=0;$i<$length;$i++) {
131     $SelectedTest[$i]=$pruebas[$NSelectedTest[$i]];
132     $SelectedTestMessage2=$SelectedTestMessage2."$SelectedTest[$i]\n";
133   }
134   $SelectedTestMessage=$SelectedTestMessage1.$SelectedTestMessage2;
135   }
136
137   sub OpenFile {
138   $cl=0;
139   my @types =
140        ( ["Test files",   ['*.geo','*.txt']],
141         ["All files",    '*.*']);
142     $TestFile=Tkx::tk___getOpenFile(-filetypes=>\@types,-title=>"Test Texto",-
      defaultextension=>'geo');
143     $iresumen=$TestFile ne "";
144     $mw->g_wm_title($TestFile);
145     $ShowText->configure(-startline=>1,-endline=>$cl2+1);
```

```
146    if ($iresumen==1) {
147      $ShowText->delete("1.0",end);
148      open (IN,$TestFile);
149      $Line=<IN>;
150      while($Line) {
151        $cl++;
152        $ShowText->insert("$cl.0",$Line);
153        $Line=<IN>;
154      }
155      close IN;
156    }
157    $paginas=int($cl/20);
158    if (int($cl/20)!=($cl/20)) {
159      $paginas++;
160    }
161    $setCursor->configure(-to=>$paginas);
162    $cl2=$cl;
163    $ScaleValue=1;
164  }
165  sub SelectLine {
166    $linea1=20*($ScaleValue-1)+1;
167    $linea2=20*($ScaleValue)+1;
168    $ShowText->configure(-startline=>$linea1,-endline=>$linea2);
169  }
```

El *widget* Escala lo hemos construido entre las líneas 86 a la 87. La configuración de Escala la definimos en la línea 86. La opción *-orient* nos permite definir la orientación del *widget*. En este caso, hemos dispuesto que se vea horizontal. La opción *-length* es la longitud del *widget* definida en puntos. Las opciones *-from* y *-to* nos permite definir el intervalo de valores posibles para la variable asociada al *widget* (que en nuestro caso es *-variable=>\$ScaleValue*) En este caso, hemos definido el intervalo desde 1 hasta 10, pero realmente pudo haber sido cualquier intervalo. Luego lo vamos a modificar, dependiendo de la cantidad de líneas que tenga el archivo que vayamos a leer. Con la opción *-command* le asignamos una subrutina al *widget*, de tal forma que cada vez que se interactúe con él, algo sucederá, según el conjunto de instrucciones de la subrutina SelectLine (línea 165) Con la opción *-showvalue=>1*, estamos diciendo que queremos que muestre el valor que toma Escala cada vez que se interactúa con él. Podemos asociar una variable al comportamiento que tome el *widget*. Para ello usamos la opción *-variable* y en este caso la variable asociada la llamamos $ScaleValue. En la línea 87 se fija el *widget* a la interfaz principal.

Respecto a la subrutina OpenFile del script anterior, hemos hecho algunos cambios, como el haber agregado la instrucción de la línea 145. Antes de explicar esta línea, recordemos que la idea del *widget* Escala es que nos muestre página a página el contenido del archivo. En este caso, asumimos que cada página contendrá máximo 20 líneas, tal como hemos definido $ShowText en la línea 77. Así, para nosotros el archivo contendrá $paginas, tal como está definido por los cálculos hechos entre las líneas 157 a la 160. Con este valor, redefinimos el máximo valor del *widget* $setCursor a $paginas. Para guardar siempre la cantidad de líneas del último archivo cargado usamos la variable $cl2, la cual fue inicializada en la línea 6 del script. Y para garantizar que cada vez que se cargue un archivo, lo veamos desde el principio, terminamos la subrutina asignado el valor 1 a la variable $ScaleValue (línea 163)

Esperemos un poco más por la explicación de la línea 145. La subrutina SelectLine es la que se ha programado para que haga el cambio de páginas en el archivo cargado. Para el momento de escribir esta subrutina, no encontré otra forma de mostrar las 20 líneas de cada página sino usando la opción *-configure* e indicando los valores de la primera y última línea a mostrar (las cuales se calculan en las dos líneas anteriores y cuyo valor depende del valor que tome la variable $ScaleValue del *widget* $setCursor) El inconveniente de este método, es que ya no se puede navegar por el archivo usando el cursor. La navegación se podrá hacer, cada 20 líneas, usando el *widget* $setCursor. Esto implica que cada vez que se desee borrar la información de un archivo cargado, para mostrar el contenido de uno nuevo, debe mostrarse todo el contenido y no solamente las 20 líneas definidas en la subrutina SelectLine. Es por ello que guardamos la cantidad de líneas leídas previamente usando la variable $cl2 y la cual usaremos en la línea 145 del script en la subrutina OpenFile, para que muestre todo el archivo y así el borrado se pueda hacer completo. Sino se hace esto, la instrucción de borrado de la línea 147 sólo borrará las líneas mostradas según la instrucción de la línea 168 y no la totalidad del archivo.

La figura 7.20 muestra el resultado de la ejecución de este script y como luce después de haber cargado un archivo de texto con los resultados de una prueba de geófonos.

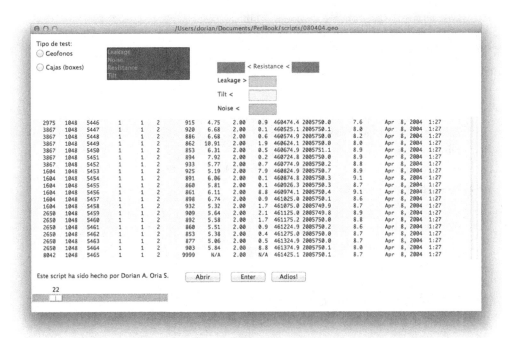

**Figura 7.20.** Salida del script 7.11, después de haber cargado
un archivo con resultados de pruebas de geófonos.

## 7.11 Menús (Menubutton)

Hasta ahora, hemos estado usando botones en nuestra interfaz principal. Usualmente, los programas tienen dos o más opciones para tener acceso a sus funciones. Con este *widget* vamos a agregar menús a nuestro programa como una opción adicional.

*Script 7.12*

| | |
|---|---|
| 1 | use Tkx; |
| 2 | |
| 3 | #Inicializando variables que controlan valores de los radiobotones |
| 4 | $onoffg=0; |
| 5 | $onoffb=0; |

```perl
6    $cl2=2;
7
8    #Construcción de variable para poblar el listbox
9    @pruebas=("Resistance","Leakage","Tilt","Noise");
10   @pruebas=sort {$a cmp $b} (@pruebas);
11   $pruebas = '';
12   foreach $i (@pruebas) {$pruebas = $pruebas . ' {' . $i . '}';};
13
14   #Construccion de la ventana principal
15   $mw = Tkx::widget->new(".");
16   $mw->g_wm_title("Test Textbox");
17   $mw->configure(-width=>1000,-height=>600);
18   $mw->g_wm_resizable(0,0);
19
20   #Creación de frame que contendra el textbox
21   $frameTexto=$mw->new_ttk__frame;
22   $frameTexto->g_place(-x=>2,-y=>180);
23
24   $label = $mw->new_label(-text => "Tipo de test:");
25   $label->g_place(-x=>10,-y=>10);
26
27   #Etiqueta que muestra la selección
28   $MensajeSeleccion=$mw->new_label(-textvariable=>\$mensaje);
29   $MensajeSeleccion->g_place(-x=>150,-y=>10);
30
31   #Etiqueta para mostrar la prueba seleccionada
32   $SelectedTestLabelMessage=$mw->new_label(-textvariable=>\$SelectedTestMes
     sage,-justify=>'left');
33   $SelectedTestLabelMessage->g_place(-x=>120,-y=>100);
34
35   #Radiobotones
36   $geo=$mw->new_radiobutton(-command=>sub{&check_geo},-text=>'Geofonos',-
     variable=>\$onoffg);
37   $geo->g_place(-x=>10,-y=>30);
38   $box=$mw->new_radiobutton(-command=>sub{&impbox},-text=>'Cajas
     (boxes)',-variable=>\$onoffb);
39   $box->g_place(-x=>10,-y=>60);
40
41   #Construcción del menú
```

```
42    $menu=$mw->new_menu;
43    $mw->configure(-menu=>$menu);
44    $file=$menu->new_menu;
45    $edit=$menu->new_menu;
46    $help=$menu->new_menu;
47    $menu->add_cascade(-menu=>$file,-label=>'Archivo');
48    $menu->add_cascade(-menu=>$edit,-label=>'Edicion');
49    $menu->add_cascade(-menu=>$help,-label=>'Ayuda');
50    $file->add_command(-label => "Abrir...", -command => sub {OpenFile()});
51    $file->add_command(-label => "Enter...", -command => sub {ShowMessage()});
52    $file->add_command(-label => "Cerrar", -command => sub {exit});
53    $edit->add_command(-label=>'Opcion 1');
54    $edit->add_command(-label=>'Opcion 2');
55    $edit->add_command(-label=>'Opcion 3');
56    $help->add_command(-label=>'Acerca de...');
57
58    #Listbox
59    $TestListbox=$mw->new_listbox(-listvariable => \$pruebas,-selectmode
      =>'multiple',-height=>4,-bg=>'darkgreen',-fg=>'yellow');
60    $TestListbox->configure(-state=>'disabled');
61    $TestListbox->g_place(-x=>170,-y=>30);
62
63    #################################################################
      ###########
64
65    #Entradas con los parámetros de comparación para las pruebs de geófonos.
66    $res_text=$mw->new_label(-text=>'< Resistance <',-foreground=>'darkgreen');
67    $res_text->g_place(-x=>475,-y=>60);
68
69    $lim_inf = $mw->new_entry(-width => '6', -relief => 'sunken',-
      background=>'red');
70    $lim_inf->g_place(-x => 410,-y=>60);
71
72    $lim_sup=$mw->new_entry(-width => '6', -relief => 'sunken',-
      background=>'red');
73    $lim_sup->g_place(-x => 575,-y=>60);
74
75    $leak_tetxt=$mw->new_label(-text=>'Leakage >');
76    $leak_tetxt->g_place(-x=>410,-y=>90);
```

```
77
78   $lim_leak= $mw->new_entry(-width => '6', -relief => 'sunken',-
     background=>'lightgreen',-textvariable=>\$LimLeak);
79   $lim_leak->g_place(-x => 480,-y=>90);
80
81   $tilt_text=$mw->new_label(-text=>'Tilt <');
82   $tilt_text->g_place(-x=>410,-y=>120);
83
84   $lim_tilt= $mw->new_entry(-width => '6', -relief => 'sunken',-
     background=>'yellow');
85   $lim_tilt->g_place(-x => 480,-y=>120);
86
87   $noise_text=$mw->new_label(-text=>'Noise <');
88   $noise_text->g_place(-x=>410,-y=>150);
89
90   $lim_noise= $mw->new_entry(-width => '6', -relief => 'sunken',-
     background=>'lightblue');
91   $lim_noise->g_place(-x => 480,-y=>150);
92
93   #Text widget
94   $ShowText=$frameTexto->new_text(-bg=>'lightyellow',-height=>20,-width=>138,-
     wrap=>'none');
95   $ShowText->g_grid(-column=>0, -row=>0);
96
97   #Scrollbars
98   $s = $frameTexto->new_scrollbar(-command => [$ShowText, "yview"],-orient =>
     "vertical");
99   $s->g_grid(-column=>1,-row=>0,-sticky=>'nsew');
100  $ShowText->configure(-yscrollcommand => [$s,'set']);
101
102  #Scale widget
103  $setCursor=$mw->new_scale(-orient => 'horizontal', -length => 300,
     -from => 1.0, -to => 10.0,-command=>\&SelectLine, -showvalue=>1,
     -variable=>\$ScaleValue);
104  $setCursor->g_place(-x=>2,-y=>540);
105
106  #Botón para abrir archivo
107  $OpenButton=$mw->new_button(-text=>'Abrir',-command=>sub{&OpenFile});
```

```
108  $OpenButton->g_place(-x=>340,-y=>510,-width=>80);
109
110  #Botón Enter
111  $EnterButton=$mw->new_button(-text=>'Enter',-
     command=>sub{&ShowMessage});
112  $EnterButton->g_place(-x=>440,-y=>510,-width=>80);
113
114  #Etiqueta sobre autor
115  $Autor=$mw->new_label(-text=>"Este script ha sido hecho por Dorian A. Oria
     S.");
116  $Autor->g_place(-x=>10,-y=>510);
117
118  #Boton de salida
119  $exitbutton=$mw->new_button(-text=>'Adios!',-command=>sub{exit});
120  $exitbutton->g_place(-x=>530,-y=>510,-width=>80);
121
122  Tkx::MainLoop();
123
124  #Fin de construcción de ventana principal
125  ######################################################################
     ###########
126
127  sub check_geo {
128  $onoffg="";
129  $onoffb=0;
130  $TestListbox->configure(-state=>'normal');
131  $mensaje="Ud. ha seleccionado la opcion Geofonos";
132  }
133
134  sub impbox {
135  $onoffg=0;
136  $onoffb="";
137  $TestListbox->configure(-state=>'disabled');
138  $mensaje="Ud. ha seleccionado la opcion Cajas (boxes)";
139  }
140
141  sub ShowMessage {
142  $SelectedTestMessage1="Ud. ha seleccionado las siguientes pruebas:\n";
143  $SelectedTestMessage2="";
```

```perl
144   $listaElementos=$TestListbox->curselection; #se obtiene una cadena con los
      índices de los elementos seleccionados, separados por espacios.
145   @NSelectedTest=split(" ",$listaElementos);
146   $length=@NSelectedTest;
147   for ($i=0;$i<$length;$i++) {
148     $SelectedTest[$i]=$pruebas[$NSelectedTest[$i]];
149     $SelectedTestMessage2=$SelectedTestMessage2."$SelectedTest[$i]\n";
150   }
151   $SelectedTestMessage=$SelectedTestMessage1.$SelectedTestMessage2;
152   }
153
154   sub OpenFile {
155   $cl=0;
156   my @types =
157         ( ["Test files",  ['*.geo','*.txt']],
158           ["All files",   '*.*']);
159     $TestFile=Tkx::tk___getOpenFile(-filetypes=>\@types,-title=>"Test Texto",-
      defaultextension=>'geo');
160     $iresumen=$TestFile ne "";
161     $mw->g_wm_title($TestFile);
162     $ShowText->configure(-startline=>1,-endline=>$cl2+1);
163     if ($iresumen==1) {
164       $ShowText->delete("1.0",end);
165       open (IN,$TestFile);
166       $Line=<IN>;
167       while($Line) {
168         $cl++;
169         $ShowText->insert("$cl.0",$Line);
170         $Line=<IN>;
171       }
172       close IN;
173     }
174     $paginas=int($cl/20);
175     if (int($cl/20)!=($cl/20)) {
176       $paginas++;
177     }
178     $setCursor->configure(-to=>$paginas);
179     $cl2=$cl;
180     $ScaleValue=1;
```

```
181  }
182  sub SelectLine {
183    $linea1=20*($ScaleValue-1)+1;
184    $linea2=20*($ScaleValue)+1;
185    $ShowText->configure(-startline=>$linea1,-endline=>$linea2);
186  }
```

Al igual que con los *scripts* previos, este se basa en el anterior. La construcción del menú la hemos hecho entre las líneas 42 y 56. Para facilitar la comprensión del *script*, hemos agregado las mismas opciones representadas por los botones (Abrir, Enter y Adios!) al menú "Archivo", tal como se muestra en la figura 7.21. Cada una de esas opciones ejecutará las mismas subrutinas que las programadas para los botones.

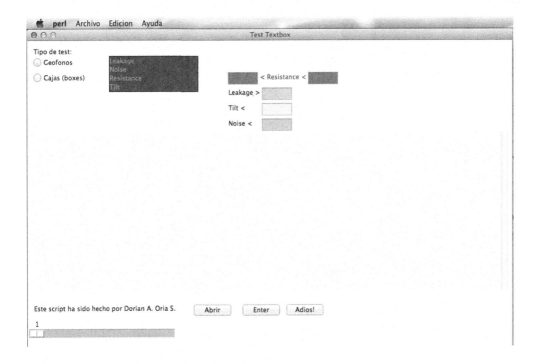

**Figura 7.21.** Salida del script 7.12.

La barra principal del menú que contendrá a cada unos de los menús (Archivo, Edicion y Ayuda) se construye en la línea 42 (el objeto que lo contendrá está contenido en la variable $menu) En la línea 43 asignamos ese menú a la interfaz principal, que hemos designado con la variable $mw (línea 15)

Cada uno de los menús que conforman la aplicación necesita una variable que los defina. Para el menú "Archivo" se ha definido la variable $file (línea 44) Para el menú "Edicion" se definió la variable $edit (línea 45) y para el menú ayuda se definió la variable $help (línea 46)

Usualmente, cada menú ofrece varias opciones, que se despliegan en forma de *cascada* al hacer *click* sobre ellos (figura 7.22) Cada una de esas "cascadas" es creada entre las líneas 47 a la 49.

**Figura 7.22.** Salida del script 7.12, mostrando las opciones del menú Archivo.

Ahora procederemos a agregar opciones a cada uno de los menús o cascadas. Esas opciones las creamos en el mismo orden dentro del script y usamos las mismas etiquetas. Cada una de esas opciones ejecuta un conjunto de instrucciones, que para efectos de nuestro ejemplo, serán las mismas que las programadas en cada uno de los botones. Las opciones para cada menú las hemos agregado usando la opción *add_command* en cada una de las variables que definen los menús. Por ejemplo, para el menú "Archivo", las opciones las hemos agregado entre las líneas 50 y 52. Las subrutinas que se van a ejecutar en cada una de esas opciones se agregan usando la opción -command en cada una de ellas. Como podrá notar, cada una de esas subrutinas son las que se invocan con los botones.

Para efectos de mostrar como se vería otro menú  con otras opciones, hemos agregado varias al menú "Edicion" ($edit) entre las líneas 53 y 55. Como podrá notar, estas opciones no tienen subrutinas asociadas, por lo que al hacer *click* encima de ellas no ocurrirá nada.

Le sugerimos que juegue con este script y compare su comportamiento cuando las opciones se ejecutan a través de los botones o a través de los menús.

## 7.12 Caja de opciones (ComboBox)

Este *widget* permite ofrecer varias opciones de una forma más compacta, pero a diferencia del *listbox*, sólo puede escogerse una. Esto puede ser bastante útil cuando se tienen varias opciones y la opción de los *radiobuttons* puede no ser muy elegante o no hay espacio suficiente dentro de la interfaz del programa. Un *combobox* puede ocupar el espacio equivalente al de un botón, pero ofreciendo más opciones. En el siguiente ejemplo, vamos a reemplazar los *radiobuttons* (a través de los cuales se puede escoger el tipo de test) por un *combobox*.

*Script 7.13*

```
1    use Tkx;
2
3    #Inicializando variables
4    $cl2=2;
5
6    #Construcción de variable para poblar el listbox
7    @pruebas=("Resistance","Leakage","Tilt","Noise");
8    @pruebas=sort {$a cmp $b} (@pruebas);
9    $pruebas = '';
10   foreach $i (@pruebas) {$pruebas = $pruebas . '{' . $i . '}';};
11
12   #Construccion de la ventana principal
13   $mw = Tkx::widget->new(".");
```

```perl
14   $mw->g_wm_title("Test ComboBox");
15   $mw->configure(-width=>1000,-height=>600);
16   $mw->g_wm_resizable(0,0);
17
18   #Creación de frame que contendra el textbox
19   $frameTexto=$mw->new_ttk__frame;
20   $frameTexto->g_place(-x=>2,-y=>180);
21
22   $label = $mw->new_label(-text => "Tipo de test:");
23   $label->g_place(-x=>10,-y=>10);
24
25   #Etiqueta que muestra la selección
26   $MensajeSeleccion=$mw->new_label(-textvariable=>\$mensaje);
27   $MensajeSeleccion->g_place(-x=>150,-y=>10);
28
29   #Etiqueta para mostrar la prueba seleccionada
30   $SelectedTestLabelMessage=$mw->new_label(-textvariable=>\$SelectedTestMessage,-justify=>'left');
31   $SelectedTestLabelMessage->g_place(-x=>120,-y=>100);
32
33   #ComboBox
34   $Test=$mw->new_ttk__combobox();
35   $Test->configure(-values=>"Geofonos Cajas(Boxes)",-width=>13);
36   $Test->g_bind("<<ComboboxSelected>>", sub { &TipoDeTest });
37   $Test->g_place(-x=>10,-y=>30);
38
39   #Construcción del menú
40   $menu=$mw->new_menu;
41   $mw->configure(-menu=>$menu);
42   $file=$menu->new_menu;
43   $edit=$menu->new_menu;
44   $help=$menu->new_menu;
45   $menu->add_cascade(-menu=>$file,-label=>'Archivo');
46   $menu->add_cascade(-menu=>$edit,-label=>'Edicion');
47   $menu->add_cascade(-menu=>$help,-label=>'Ayuda');
48   $file->add_command(-label => "Abrir...", -command => sub {OpenFile()});
49   $file->add_command(-label => "Enter...", -command => sub {ShowMessage()});
50   $file->add_command(-label => "Adios!", -command => sub {exit});
51   $edit->add_command(-label=>'Opcion 1');
```

```perl
52    $edit->add_command(-label=>'Opcion 2');
53    $edit->add_command(-label=>'Opcion 3');
54    $help->add_command(-label=>'Acerca de...');
55
56    #Listbox
57    $TestListbox=$mw->new_listbox(-listvariable => \$pruebas,-selectmode
      =>'multiple',-height=>4,-bg=>'darkgreen',-fg=>'yellow');
58    $TestListbox->configure(-state=>'disabled');
59    $TestListbox->g_place(-x=>170,-y=>30);
60
61    ################################################################
      ##########
62
63    #Entradas con los parámetros de comparación para las pruebs de geófonos.
64    $res_text=$mw->new_label(-text=>'< Resistance <',-foreground=>'darkgreen');
65    $res_text->g_place(-x=>475,-y=>60);
66
67    $lim_inf = $mw->new_entry(-width => '6', -relief => 'sunken',-
      background=>'red');
68    $lim_inf->g_place(-x => 410,-y=>60);
69
70    $lim_sup=$mw->new_entry(-width => '6', -relief => 'sunken',-background=>'red');
71    $lim_sup->g_place(-x => 575,-y=>60);
72
73    $leak_tetxt=$mw->new_label(-text=>'Leakage >');
74    $leak_tetxt->g_place(-x=>410,-y=>90);
75
76    $lim_leak= $mw->new_entry(-width => '6', -relief => 'sunken',-
      background=>'lightgreen',-textvariable=>\$LimLeak);
77    $lim_leak->g_place(-x => 480,-y=>90);
78
79    $tilt_text=$mw->new_label(-text=>'Tilt <');
80    $tilt_text->g_place(-x=>410,-y=>120);
81
82    $lim_tilt= $mw->new_entry(-width => '6', -relief => 'sunken',-
      background=>'yellow');
83    $lim_tilt->g_place(-x => 480,-y=>120);
84
```

```
85   $noise_text=$mw->new_label(-text=>'Noise <');

86   $noise_text->g_place(-x=>410,-y=>150);

87

88   $lim_noise= $mw->new_entry(-width => '6', -relief => 'sunken',-
     background=>'lightblue');

89   $lim_noise->g_place(-x => 480,-y=>150);

90

91   #Text widget

92   $ShowText=$frameTexto->new_text(-bg=>'lightyellow',-height=>20,-width=>138,-
     wrap=>'none');

93   $ShowText->g_grid(-column=>0, -row=>0);

94

95   #Scrollbars

96   $s = $frameTexto->new_scrollbar(-command => [$ShowText, "yview"],-orient =>
     "vertical");

97   $s->g_grid(-column=>1,-row=>0,-sticky=>'nsew');

98   $ShowText->configure(-yscrollcommand => [$s,'set']);

99

100  #Scale widget

101  $setCursor=$mw->new_scale(-orient => 'horizontal', -length => 300, -from => 1.0,
     -to => 10.0,-command=>\&SelectLine, -showvalue=>1, -variable=>\$ScaleValue);

102  $setCursor->g_place(-x=>2,-y=>540);

103

104  #Botón para abrir archivo

105  $OpenButton=$mw->new_button(-text=>'Abrir',-command=>sub{&OpenFile});

106  $OpenButton->g_place(-x=>340,-y=>510,-width=>80);

107

108  #Botón Enter

109  $EnterButton=$mw->new_button(-text=>'Enter',-
     command=>sub{&ShowMessage});

110  $EnterButton->g_place(-x=>440,-y=>510,-width=>80);

111

112  #Etiqueta sobre autor

113  $Autor=$mw->new_label(-text=>"Este script ha sido hecho por Dorian A. Oria
     S.");

114  $Autor->g_place(-x=>10,-y=>510);

115
```

```
116  #Boton de salida
117  $exitbutton=$mw->new_button(-text=>'Adios!',-command=>sub{exit});
118  $exitbutton->g_place(-x=>530,-y=>510,-width=>80);
119
120  Tkx::MainLoop();
121
122  #Fin de construcción de ventana principal
123  #################################################################
     ##########
124
125  sub TipoDeTest {
126  $t=$Test->get();
127  $tIndex=$Test->current();
128  $mensaje="Ud. ha seleccionado la opcion $t";
129  if ($tIndex==0) {
130    $TestListbox->configure(-state=>'normal');
131  }
132  if ($tIndex==1) {
133    $TestListbox->configure(-state=>'disabled');
134  }
135  }
136
137  sub ShowMessage {
138  $SelectedTestMessage1="Ud. ha seleccionado las siguientes pruebas:\n";
139  $SelectedTestMessage2="";
140  $listaElementos=$TestListbox->curselection; #se obtiene una cadena con los
     índices de los elementos seleccionados, separados por espacios.
141  @NSelectedTest=split(" ",$listaElementos);
142  $length=@NSelectedTest;
143  for ($i=0;$i<$length;$i++) {
144    $SelectedTest[$i]=$pruebas[$NSelectedTest[$i]];
145    $SelectedTestMessage2=$SelectedTestMessage2."$SelectedTest[$i]\n";
146  }
147  $SelectedTestMessage=$SelectedTestMessage1.$SelectedTestMessage2;
148  }
149
150  sub OpenFile {
151  $cl=0;
152  my @types =
```

```
153        ( ["Test files",   ['*.geo','*.txt']],
154          ["All files",    '*.*']);
155      $TestFile=Tkx::tk___getOpenFile(-filetypes=>\@types,-title=>"Test Texto",-
         defaultextension=>'geo');
156      $iresumen=$TestFile ne "";
157      $mw->g_wm_title($TestFile);
158      $ShowText->configure(-startline=>1,-endline=>$cl2+1);
159      if ($iresumen==1) {
160        $ShowText->delete("1.0",end);
161        open (IN,$TestFile);
162        $Line=<IN>;
163        while($Line) {
164          $cl++;
165          $ShowText->insert("$cl.0",$Line);
166          $Line=<IN>;
167        }
168        close IN;
169      }
170      $paginas=int($cl/20);
171      if (int($cl/20)!=($cl/20)) {
172        $paginas++;
173      }
174      $setCursor->configure(-to=>$paginas);
175      $cl2=$cl;
176      $ScaleValue=1;
177    }
178    sub SelectLine {
179      $linea1=20*($ScaleValue-1)+1;
180      $linea2=20*($ScaleValue)+1;
181      $ShowText->configure(-startline=>$linea1,-endline=>$linea2);
182    }
```

La figura 7.23 muestra la salida del script 7.13 y la figura 7.24 muestra la misma salida, pero con las opciones del *combobox* desplegadas.

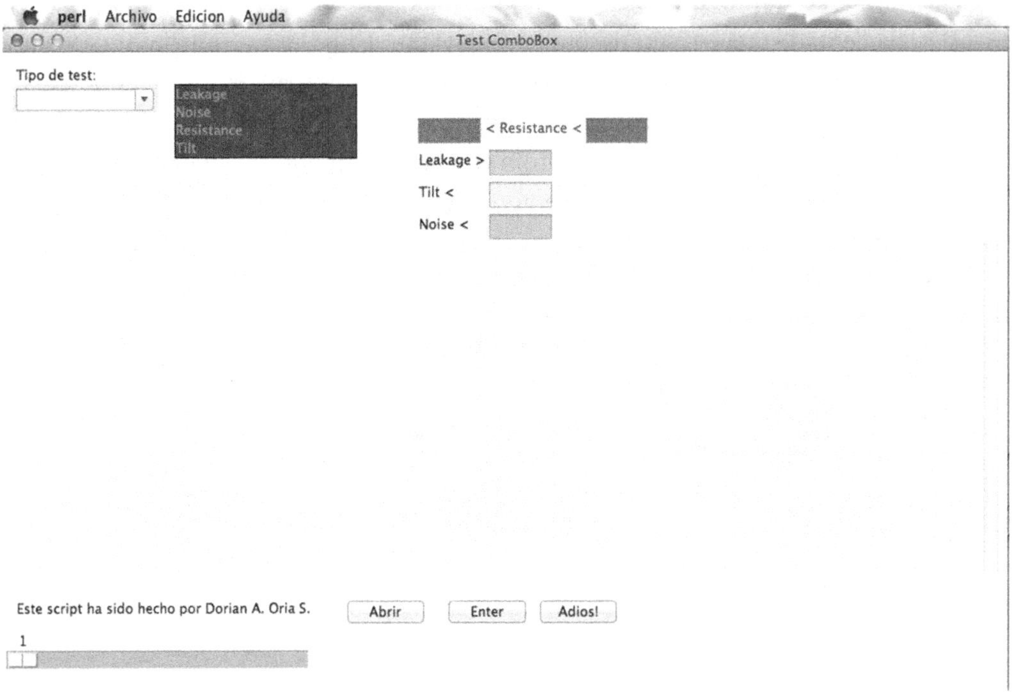

**Figura 7.23.** Salida del script 7.13.

Hemos construido el *combobox* entre las líneas 34 y 37. En la línea 34 creamos el *combobox* como tal ($Test) En la línea 35, a través del método *configure* hemos agregado los valores que se desean mostrar, que para nuestro caso son el tipo de instrumento a chequear. Esto lo hemos hecho con la opción *-values*. Nótese que los valores están separados por espacios y entre comillas "". También hemos indicado el ancho del *widget* con la opción *-width*. El ancho del *widget* viene dado en cantidad de caracteres. En la línea 36, a través de la opción *g_bind*, capturamos el evento de haber hecho alguna selección en el *combobox*. Apenas se hace alguna selección, se ejecuta la subrutina TipoDeTest, la cual está definida entre las líneas 125 y 135.

Describamos ahora la subrutina TipoDeTest. En la línea 126 hemos definido la variable $t, que a través del método *get* permitirá extraer del *combobox* $Test el valor seleccionado. En este caso, el tipo de instrumento al que se chequeará. Cada elemento listado en el *combobox* tiene un índice, cuyo primer elemento será indexado con el cero. A través del método *current* podremos extraer este índice. La variable $tIndex, definida en la línea 127 nos permitirá almacenar este valor. La variable $mensaje, definida en la línea 128 nos permitirá mostrar un mensaje indicado el equipo seleccionado. Entre las líneas 129 y 131 se ha definido una estructura condicional de tipo *If-Else*, que nos permitirá activar el *listbox* que contiene el listado de las pruebas de geófonos (para el caso en que haya sido seleccionado este equipo, cuyo índice sería 0, por ser el primero en la lista) Entre las líneas 132 y 134 tenemos otra estructura condicional tipo *If-Else*, que nos permitirá desactivar el listado de las pruebas de geófonos, en caso de que se haya seleccionado el equipo Cajas (Boxes), cuyo índice, por ser el segundo y último será 1.

**Figura 7.24.** Salida del script 7.13, mostrando las opciones del *combobox* desplegadas.

El *widget combobox* también permite que se pueda usar una variable que contenga los elementos que lo conforman. Para ello se puede usar un *hash*, como veremos en el siguiente script.

*Script 7.14*

| 1 | use Tkx; |
|---|---|
| 2 | |
| 3 | #Inicializando variables |

```
4    $cl2=2;
5
6    #Construcción de variable para poblar el listbox
7    @pruebas=("Resistance","Leakage","Tilt","Noise");
8    @pruebas=sort {$a cmp $b} (@pruebas);
9    $pruebas = '';
10   foreach $i (@pruebas) {$pruebas = $pruebas . ' {' . $i . '}';};
11
12   #Construccion de la ventana principal
13   $mw = Tkx::widget->new(".");
14   $mw->g_wm_title("Test ComboBox");
15   $mw->configure(-width=>1000,-height=>600);
16   $mw->g_wm_resizable(0,0);
17
18   #Creación de frame que contendra el textbox
19   $frameTexto=$mw->new_ttk__frame;
20   $frameTexto->g_place(-x=>2,-y=>180);
21
22   $label = $mw->new_label(-text => "Tipo de test:");
23   $label->g_place(-x=>10,-y=>10);
24
25   #Etiqueta que muestra la selección
26   $MensajeSeleccion=$mw->new_label(-textvariable=>\$mensaje);
27   $MensajeSeleccion->g_place(-x=>150,-y=>10);
28
29   #Etiqueta para mostrar la prueba seleccionada
30   $SelectedTestLabelMessage=$mw->new_label(-textvariable=>\$SelectedTestMes
     sage,-justify=>'left');
31   $SelectedTestLabelMessage->g_place(-x=>120,-y=>100);
32
33   #ComboBox
34   $Test=$mw->new_ttk__combobox(-textvariable=>%Test);
35   $Test->configure(-values=>"Geofonos Cajas(Boxes)",-width=>13);
36   $Test->g_bind("<<ComboboxSelected>>", sub { &TipoDeTest });
37   $Test->g_place(-x=>10,-y=>30);
38
39   #Construcción del menú
40   $menu=$mw->new_menu;
41   $mw->configure(-menu=>$menu);
```

```perl
42  $file=$menu->new_menu;
43  $edit=$menu->new_menu;
44  $help=$menu->new_menu;
45  $menu->add_cascade(-menu=>$file,-label=>'Archivo');
46  $menu->add_cascade(-menu=>$edit,-label=>'Edicion');
47  $menu->add_cascade(-menu=>$help,-label=>'Ayuda');
48  $file->add_command(-label => "Abrir...", -command => sub {OpenFile()});
49  $file->add_command(-label => "Enter...", -command => sub {ShowMessage()});
50  $file->add_command(-label => "Adios!", -command => sub {exit});
51  $edit->add_command(-label=>'Opcion 1');
52  $edit->add_command(-label=>'Opcion 2');
53  $edit->add_command(-label=>'Opcion 3');
54  $help->add_command(-label=>'Acerca de...');
55
56  #Listbox
57  $TestListbox=$mw->new_listbox(-listvariable => \$pruebas,-selectmode
    =>'multiple',-height=>4,-bg=>'darkgreen',-fg=>'yellow');
58  $TestListbox->configure(-state=>'disabled');
59  $TestListbox->g_place(-x=>170,-y=>30);
60
61  #############################################################
    ###########
62
63  #Entradas con los parámetros de comparación para las pruebs de geófonos.
64  $res_text=$mw->new_label(-text=>'< Resistance <',-foreground=>'darkgreen');
65  $res_text->g_place(-x=>475,-y=>60);
66
67  $lim_inf = $mw->new_entry(-width => '6', -relief => 'sunken',-
    background=>'red');
68  $lim_inf->g_place(-x => 410,-y=>60);
69
70  $lim_sup=$mw->new_entry(-width => '6', -relief => 'sunken',-
    background=>'red');
71  $lim_sup->g_place(-x => 575,-y=>60);
72
73  $leak_tetxt=$mw->new_label(-text=>'Leakage >');
74  $leak_tetxt->g_place(-x=>410,-y=>90);
75
76  $lim_leak= $mw->new_entry(-width => '6', -relief => 'sunken',-
    background=>'lightgreen',-textvariable=>\$LimLeak);
```

```
77   $lim_leak->g_place(-x => 480,-y=>90);

78

79   $tilt_text=$mw->new_label(-text=>'Tilt <');

80   $tilt_text->g_place(-x=>410,-y=>120);

81

82   $lim_tilt= $mw->new_entry(-width => '6', -relief => 'sunken',-
     background=>'yellow');

83   $lim_tilt->g_place(-x => 480,-y=>120);

84

85   $noise_text=$mw->new_label(-text=>'Noise <');

86   $noise_text->g_place(-x=>410,-y=>150);

87

88   $lim_noise= $mw->new_entry(-width => '6', -relief => 'sunken',-
     background=>'lightblue');

89   $lim_noise->g_place(-x => 480,-y=>150);

90

91   #Text widget

92   $ShowText=$frameTexto->new_text(-bg=>'lightyellow',-height=>20,-width=>138,-
     wrap=>'none');

93   $ShowText->g_grid(-column=>0, -row=>0);

94

95   #Scrollbars

96   $s = $frameTexto->new_scrollbar(-command => [$ShowText, "yview"],-orient =>
     "vertical");

97   $s->g_grid(-column=>1,-row=>0,-sticky=>'nsew');

98   $ShowText->configure(-yscrollcommand => [$s,'set']);

99

100  #Scale widget

101  $setCursor=$mw->new_scale(-orient => 'horizontal', -length => 300,
     -from => 1.0, -to => 10.0,-command=>\&SelectLine, -showvalue=>1,
     -variable=>\$ScaleValue);

102  $setCursor->g_place(-x=>2,-y=>540);

103

104  #Botón para abrir archivo

105  $OpenButton=$mw->new_button(-text=>'Abrir',-command=>sub{&OpenFile});

106  $OpenButton->g_place(-x=>340,-y=>510,-width=>80);

107
```

```
108   #Botón Enter
109   $EnterButton=$mw->new_button(-text=>'Enter',-
      command=>sub{&ShowMessage});
110   $EnterButton->g_place(-x=>440,-y=>510,-width=>80);
111
112   #Etiqueta sobre autor
113   $Autor=$mw->new_label(-text=>"Este script ha sido hecho por Dorian A. Oria
      S.");
114   $Autor->g_place(-x=>10,-y=>510);
115
116   #Boton de salida
117   $exitbutton=$mw->new_button(-text=>'Adios!',-command=>sub{exit});
118   $exitbutton->g_place(-x=>530,-y=>510,-width=>80);
119
120   Tkx::MainLoop();
121
122   #Fin de construcción de ventana principal
123   ################################################################
      ##########
124
125   sub TipoDeTest {
126   #$t=$Test->get();
127   $tIndex=$Test->current();
128   $mensaje="Ud. ha seleccionado la opcion $Test{$tIndex}";
129   if ($tIndex==0) {
130     $TestListbox->configure(-state=>'normal');
131   }
132   if ($tIndex==1) {
133     $TestListbox->configure(-state=>'disabled');
134   }
135   }
136
137   sub ShowMessage {
138   $SelectedTestMessage1="Ud. ha seleccionado las siguientes pruebas:\n";
139   $SelectedTestMessage2="";
140   $listaElementos=$TestListbox->curselection; #se obtiene una cadena con los
      índices de los elementos seleccionados, separados por espacios.
141   @NSelectedTest=split(" ",$listaElementos);
142   $length=@NSelectedTest;
```

```perl
143  for ($i=0;$i<$length;$i++) {
144    $SelectedTest[$i]=$pruebas[$NSelectedTest[$i]];
145    $SelectedTestMessage2=$SelectedTestMessage2."$SelectedTest[$i]\n";
146  }
147  $SelectedTestMessage=$SelectedTestMessage1.$SelectedTestMessage2;
148  }
149
150  sub OpenFile {
151  $cl=0;
152  my @types =
153      ( ["Test files",   ['*.geo','*.txt']],
154        ["All files",    '*.*']);
155    $TestFile=Tkx::tk___getOpenFile(-filetypes=>\@types,-title=>"Test Texto",-
     defaultextension=>'geo');
156    $iresumen=$TestFile ne "";
157    $mw->g_wm_title($TestFile);
158    $ShowText->configure(-startline=>1,-endline=>$cl2+1);
159    if ($iresumen==1) {
160      $ShowText->delete("1.0",end);
161      open (IN,$TestFile);
162      $Line=<IN>;
163      while($Line) {
164        $cl++;
165        $ShowText->insert("$cl.0",$Line);
166        $Line=<IN>;
167      }
168      close IN;
169    }
170    $paginas=int($cl/20);
171    if (int($cl/20)!=($cl/20)) {
172      $paginas++;
173    }
174    $setCursor->configure(-to=>$paginas);
175    $cl2=$cl;
176    $ScaleValue=1;
177  }
178  sub SelectLine {
179    $linea1=20*($ScaleValue-1)+1;
180    $linea2=20*($ScaleValue)+1;
```

```
181   $ShowText->configure(-startline=>$linea1,-endline=>$linea2);
182   }
```

Este script es prácticamente igual que el script anterior, excepto por un par de pequeños cambios. En la línea 34, donde se crea el *combobox*, hemos usado la opción *-textvariable* para asignar una variable que almacene los valores contenidos en el *widget*. En este caso hemos usado un *hash* (%Test). Los índices serán los *keys* del *hash* y los *values* serán los valores listados en el *combobox*, que como ya vimos, son los tipos de equipo que se ofrecen para chequear.

En la subrutina TipoDeTest, en la línea 128, que es donde se genera el mensaje que mostrará el equipo seleccionado, hemos cambiado la variable $t del script anterior (comentada ahora en este script y definida en la línea 126) por la expresión $Test{$tIndex}, que muestra el equipo seleccionado, según el índice obtenido en la línea 127.

# Parte IV.
# Ejemplos prácticos

# Capítulo 8
# Registros de pozo
# (Well logs)

## 8. Introducción

A continuación veremos diferentes aplicaciones desarrolladas en Perl para ayudar a procesar información generada en diferentes campos de las Geociencias. La mayoría de los programas mostrados aquí fueron desarrollados orientados a la administración de información: control de calidad, carga de datos en base de datos, etc. Sin embargo, el cielo es el límite. Espero que estos sirvan para darle ideas acerca de las inmensas posibilidades de Perl.

## 8.1 Archivos LAS (Log ASCII Standard)

Los archivos LAS fueron diseñados en 1990 por la Sociedad Canadiense de *Well Logging* con la finalidad de estandarizar el formato binario usado para digitalizar registros de pozo (*well logs*) La simplicidad y flexibilidad de este formato permitió rápidamente su aceptación y uso a nivel mundial.

Las próximas líneas (en el recuadro), muestran un ejemplo de este tipo de formato y algunos valores de varios registros de pozo.

```
~Version Information Section
VERS.           2.0                    : CWLS LOG ASCII Standard
WRAP.           NO                     : One line per depth step
~Well Information Section
STRT.M          1625.0413              : Start Depth
STOP.M          2074.9260              : Stop Depth
STEP.M          0.1524                 : Step
NULL.           -999.0000              : Null Value
COMP.           COMPANY                : Company
WELL.           WELL-879               : Well
FLD .           FIELD                  : Field
LOC .           X=982584.28            : Location
LOC1.           Y=2299165.94           : Location 1
CTRY.           COUNTRY                : Country
STAT.           STATE                  : State
CNTY.           COUNTY                 : County
UWI .           : UWI Number
API .           : API Number
SECT.           ~                      : Section
```

| | | |
|---|---|---|
| TOWN. | -- | : Township |
| RNGE. | -- | : Range |
| PDAT. | NT | : Perm Datum |
| EPD . | 189.0 | : Elevation |
| LMF . | MR | : Log Measured From |
| DMF . | MR | : Drill Measured From |
| APD . | 5.5 | : Above Perm Datum |
| EKB . | 194.9 | : Elev-Kelly Bushing. |
| EDF . | 194.5 | : Elev-Drill Floor |
| EGL . | 189.0 | : Elev-Ground Level |
| SRVC. | SC, Inc. | : Service Company |
| DATE. | 8 Jun 2005 @ 8:41 | : Date |

~Parameter Information Section

| | | |
|---|---|---|
| RUN . | 1 | : Run # |
| DATE. | 5-JUN-2004 | : Date log was run |
| TDD . | 2177 | : Depth - Driller |
| TDL . | 2177 | : Depth - Logger |
| BLI . | 2175 | : Bottom Log Interval |
| TLI . | 800.5 | : Top Log Interval |
| CBD . | 7.625 @ 799 | : Casing - Driller |
| CBL . | 800.5 | : Casing - Logger |
| BS . | 6.75 | : Bit Size |
| DFT . | VERSADRILL | : Type of Fluid In Hole |
| DFD . | 1.48 | : Drilling Fluid Density |
| DFV . | 55 | : Drilling Fluid Viscosity |
| DFPH. | -- | : Drilling Fluid pH |
| DFL . | 4.0 | : Drilling Fluid Loss |
| MSS . | -- | : Source of Sample |
| RMS . | -- | : Mud Resitivity |
| MST . | -- | : Rm Temperature |
| RMFS. | -- | : Mud Filtrate Resistivity |
| MFST. | -- | : Rmf Temperature |
| RMCS. | -- | : Mud Cake Resitivity |
| MCST. | -- | : Rmc Temperature |
| MFSS. | -- | : Source of Rmf |
| MCSS. | -- | : Source of Rmc |
| RMBH. | -- | : Rm at BHT |
| BHT . | -- | : Bottom Hole Temperature |
| MRT . | 87 C | : Max Recorded Temperature |

| | | |
|---|---|---|
| RUN . | 2 | : Run # |
| DATE. | | : Date log was run |
| TDD . | | : Depth - Driller |
| TDL . | | : Depth - Logger |
| BLI . | | : Bottom Log Interval |
| TLI . | | : Top Log Interval |
| CBD . | | : Casing - Driller |
| CBL . | | : Casing - Logger |
| BS . | | : Bit Size |
| DFT . | | : Type of Fluid In Hole |
| DFD . | | : Drilling Fluid Density |
| DFV . | | : Drilling Fluid Viscosity |
| DFPH. | | : Drilling Fluid pH |
| DFL . | | : Drilling Fluid Loss |
| MSS . | | : Source of Sample |
| RMS . | | : Mud Resitivity |
| MST . | | : Rm Temperature |
| RMFS. | | : Mud Filtrate Resistivity |
| MFST. | | : Rmf Temperature |
| RMCS. | | : Mud Cake Resitivity |
| MCST. | | : Rmc Temperature |
| MFSS. | | : Source of Rmf |
| MCSS. | | : Source of Rmc |
| RMBH. | | : Rm at BHT |
| BHT . | | : Bottom Hole Temperature |
| MRT . | | : Max Recorded Temperature |
| RUN . | 3 | : Run # |
| DATE. | | : Date log was run |
| TDD . | | : Depth - Driller |
| TDL . | | : Depth - Logger |
| BLI . | | : Bottom Log Interval |
| TLI . | | : Top Log Interval |
| CBD . | | : Casing - Driller |
| CBL . | | : Casing - Logger |
| BS . | | : Bit Size |
| DFT . | | : Type of Fluid In Hole |
| DFD . | | : Drilling Fluid Density |
| DFV . | | : Drilling Fluid Viscosity |
| DFPH. | | : Drilling Fluid pH |

```
DFL .                          : Drilling Fluid Loss
MSS .                          : Source of Sample
RMS .                          : Mud Resitivity
MST .                          : Rm Temperature
RMFS.                          : Mud Filtrate Resistivity
MFST.                          : Rmf Temperature
RMCS.                          : Mud Cake Resitivity
MCST.                          : Rmc Temperature
MFSS.                          : Source of Rmf
MCSS.                          : Source of Rmc
RMBH.                          : Rm at BHT
BHT .                          : Bottom Hole Temperature
MRT .                          : Max Recorded Temperature
~Curve Information Section
DEPTH.M                        : 1
SMALL.                         : 2
SW.DEC                         : 3
SWBAV.                         : 4
T.DEGF                         : 5
TEXGM.                         : 6
VCLAY.DEC                      : 7
W.                             : 8
~ASCII Log Data Section
    1625.0413    0.5572    1.0000    0.5097    165.8427    1.2194    0.5097
2.0000
    1625.1936    0.5188    1.0000    0.4492    165.8490    1.2713    0.4492
2.0000
    1625.3461    0.5009    1.0000    0.4714    165.8553    1.2705    0.4714
2.0000
    1625.4984    0.5164    1.0000    0.4478    165.8616    1.3031    0.4478
2.0000
    1625.6509    0.5149    1.0000    0.5086    165.8679    1.2836    0.5086
2.0000
    1625.8032    0.5566    1.0000    0.5554    165.8742    1.2813    0.5554
2.0000
    1625.9556    0.5677    1.0000    0.5801    165.8805    1.2821    0.5801
2.0000
    1626.1080    0.5762    1.0000    0.5962    165.8868    1.2929    0.5962
2.0000
```

| | | | | | | |
|---|---|---|---|---|---|---|
| 1626.2604 2.0000 | 0.5767 | 1.0000 | 0.6059 | 165.8931 | 1.3056 | 0.6059 |
| 1626.4128 2.0000 | 0.5975 | 1.0000 | 0.6389 | 165.8994 | 1.2749 | 0.6389 |
| 1626.5652 2.0000 | 0.5396 | 1.0000 | 0.5360 | 165.9057 | 1.2880 | 0.5360 |
| 1626.7177 2.0000 | 0.5314 | 1.0000 | 0.5225 | 165.9120 | 1.2611 | 0.5225 |
| 1626.8700 2.0000 | 0.5598 | 1.0000 | 0.5769 | 165.9184 | 1.2530 | 0.5769 |
| 1627.0225 1.9595 | 0.4970 | 1.0000 | 0.4716 | 165.9247 | 1.3039 | 0.4716 |

Ahora, imagine el siguiente problema. Tenemos muchos archivos LAS. Necesitamos hacer un inventario, en el que extraigamos de cada uno de ellos, información sobre: nombre del pozo (*well name*), ubicación (*location*), no sólo coordenadas, sino también país, estado y población; registros contenidos en cada archivo, tope y base de los registros, etc.

Algunas ideas para enfrentar este problema son:

- Leer varios archivos, de manera que podríamos usar un ciclo *for-next* como estructura de control.
- Es necesario abrir cada archivo y leerlo, de forma de buscar la información requerida.
- Buscar dentro de cada archivo palabras y/o expresiones que permitan encontrar donde está la información.
- Es necesario asumir que todos los archivos tienen la misma estructura.

El siguiente script lee varios archivos LAS que están listados en un archivo de texto. Nuestro ejercicio consistirá en extraer de cada archivo el nombre del pozo, tope y base de los registros según lo indicado en el encabezado del archivo y tope y base según la información real (el script leerá el archivo por completo), el nombre de cada registro dentro del archivo. Toda esta información será escrita en un archivo de texto. Además, en el mismo archivo se escribirá el nombre de cada uno de los archivos LAS leídos.

```
1   $ListaRegistros='/Users/dorian/Documents/PerlBook/LAS/archivosLAS.txt';
2   $datos_registros='/Users/dorian/Documents/PerlBook/LAS/datos.txt';
3   $reg_sin_formato='/Users/dorian/Documents/PerlBook/LAS/sin_formato.
    txt';
4   $i=0;
5   open (IN,$ListaRegistros);
6   $lineaLista=<IN>;
7   while ($lineaLista) {
8     chomp $lineaLista;
9     $registros[$i]=$lineaLista;
10    $i++;
11    $lineaLista=<IN>;
12  }
13  close IN;
14  open (OUT,'>'.$datos_registros);
15  print OUT "WellName Top Base RealTop RealBase Logs FileName\n";
16  open (SIN,'>',$reg_sin_formato);
17  for ($j=0;$j<$i;$j++) {
18    $r=0;
19    $s=0;  $c=0;
20    open (REG,$registros[$j]);
21    $Record=$registros[$j];
22    $lineaReg=<REG>;
23    while ($lineaReg) {
24    chomp $lineaReg;
25     if ($lineaReg =~ m/STRT/) {
26       @array=split (" ",$lineaReg);
27       $cima=$array[1];
28     }
29     @array=();
30     if ($lineaReg =~ m/STOP/) {
31       @array=split (" ",$lineaReg);
32       $base=$array[1];
33     }
34     @array=();
35     if ($lineaReg =~ m/WELL/) {
36       @array=split (":",$lineaReg);
```

```perl
37      @subarray=split("[.]",$array[0]);
38      $wellName=$subarray[1];
39    }
40    @array=();
41    if ($lineaReg =~ m/DEPT/) {
42      $aux=1;
43    }
44    if ($aux==1 && $r>1 && $lineaReg =~ m/[~]/i) {
45      $aux=0;
46    }
47    if ($aux==1) {
48     $r++;
49     if ($r>1) {
50       @array=split ("[.]",$lineaReg);
51       $curvas[$c]=$array[0];
52       $c++;
53     }
54    }
55    if ($aux==0 && $lineaReg =~ m/~A/i) {
56      $aux2=1;
57    }
58    if ($aux2==1) {
59     $s++;
60     @array2=split(" ",$lineaReg);
61     if ($s==2) {
62      $length=@array2-1;
63      $length2=@curvas;
64      if ($length==$length2) {
65        $tiene_formato=1;
66      }
67      if ($length!=$length2) {
68        $tiene_formato=0;
69      }
70      $cimaReal=$array2[0];
71     }
72    }
73    if ($aux2==1 && $s>2) {
74     @array2=split(" ",$lineaReg);
75     $length=@array2-1;
```

```
76    $length2=@curvas;
77    if ($length==$length2) {
78      $baseReal=$array2[0];
79    }
80    }
81    $lineaReg=<REG>;
82  }
83  close REG;
84  if ($tiene_formato==0) {
85    print SIN "$wellName\t$Record\n";
86  }
87  if ($tiene_formato==1) {
88    for ($a=0;$a<$c;$a++) {
89      print OUT "$wellName $cima $base $cimaReal $baseReal $curvas[$a] $registros[$j]\n";
90    }
91  }
92  $aux2=0;
93  @curvas=();
94 }
95 close SIN;
96 close OUT;
```

Antes de ejecutar el script, es necesario crear un archivo de texto con la lista de los archivos LAS que se desean chequear. Este archivo de texto puede tener cualquier nombre. En nuestro caso, lo hemos llamado archivosLAS.txt y debe lucir como se muestra en la figura 8.1.

Este archivo se puede construir usando alguna de las siguientes instrucciones, dependiendo del sistema operativo con el que se esté trabajando:

Tabla 8.1. Instrucciones para crear archivo con listado de archivos LAS.

| Sistema Operativo | Instrucción |
|---|---|
| Windows (desde el command prompt) | dir /b/s *.las > archivosLAS.txt |
| OSX, Linux, Unix | find $PWD -name '*.las' > archivosLAS.txt<br>ls -d $PWD/*.las |

**Figura 8.1.** Archivo de texto con la lista de archivos LAS a ser procesados.

Nótese como, para cada archivo, está incluida la ruta completa. Esto no sería necesario si el script que se va a ejecutar está en la misma ruta donde están los archivos a revisar.

En la línea 1 se define la variable que contendrá la ruta completa del archivo que contiene el listado de los archivos a LAS a revisar (mostrado en la figura 8.1)

El script está programado para que como resultado de dos archivos. El primero de ellos, llamado **datos.txt** (definido en la línea 2) contendrá los resultados del script, siempre que los archivos LAS de entrada se vean como el ejemplo mostrado anteriormente. Como puede notarse, los datos están organizados por columnas, en los que la primera columna corresponde a la profundidad donde se tomaron las medidas y el resto de las columnas son los valores medidos para cada uno de los registros.

El segundo archivo que llamamos **sin_formato.txt** (línea 3) contendrá un listado de aquellos archivos que, aunque contienen información para cada registro, ésta no está ordenada por columnas. La figura 8.2 muestra un ejemplo de cómo se ve la información organizada por columnas y la figura 8.3 muestra como se ve un archivo con información sin estar organizada por columnas.

La variable $i (línea 4) se usará para contar las líneas dentro del archivo que contiene el listado de los archivos LAS. El valor final que tome $i será la cantidad de archivos LAS a analizar.

El archivo archivosLAS.txt es leído entre las líneas 5 y 13. El nombre de cada archivo es almacenado en el arreglo @registros (recuerde que, aun cuando explícitamente no verá la expresión @registros en el script, cada elemento de él es referido como $registros[index]) Este arreglo es construido en la línea 9.

En la línea 14 se crea para escritura el archivo que contendrá la información extraída de los archivos LAS. Recuerde que el carácter ">" le indica a Perl que el archivo se abre en modo escritura. Con este modo, el archivo se crea desde cero. Si había un archivo con el mismo nombre, lo sobrescribirá.

Debido a que los datos se escribirán en columnas, hemos agregado un encabezado para cada columna en la línea 15. Nótese que después de cada título de columna hemos agregado un espacio.

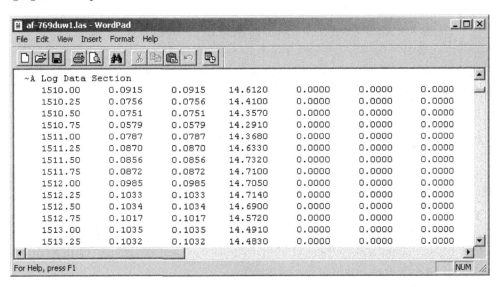

**Figura 8.2.** Archivo con información de registros organizada por columnas.

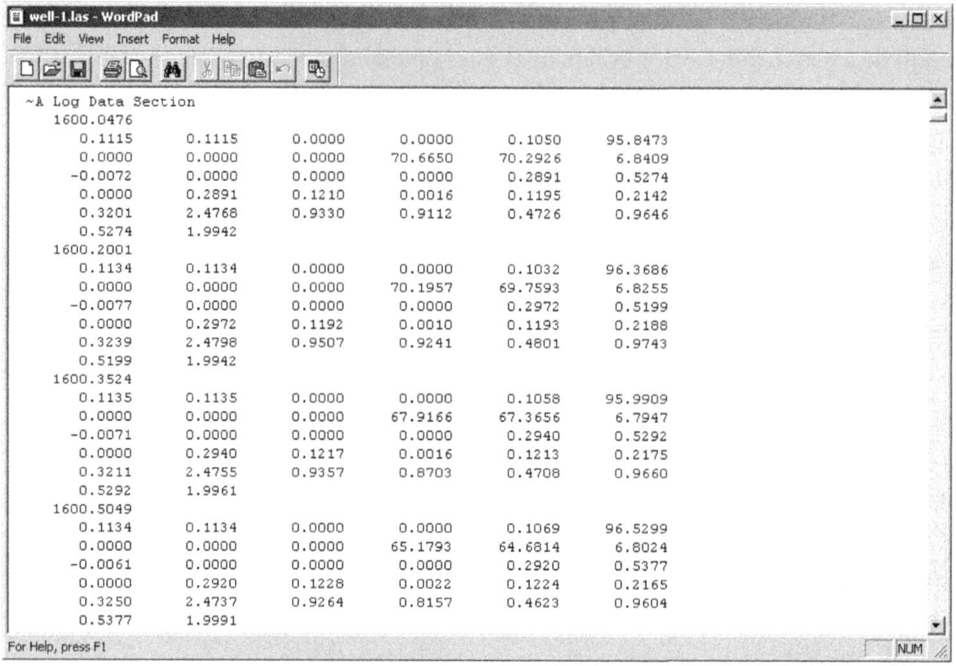

well-1.las - WordPad

File Edit View Insert Format Help

```
~A Log Data Section
 1600.0476
   0.1115      0.1115      0.0000      0.0000      0.1050     95.8473
   0.0000      0.0000      0.0000     70.6650     70.2926      6.8409
  -0.0072      0.0000      0.0000      0.0000      0.2891      0.5274
   0.0000      0.2891      0.1210      0.0016      0.1195      0.2142
   0.3201      2.4768      0.9330      0.9112      0.4726      0.9646
   0.5274      1.9942
 1600.2001
   0.1134      0.1134      0.0000      0.0000      0.1032     96.3686
   0.0000      0.0000      0.0000     70.1957     69.7593      6.8255
  -0.0077      0.0000      0.0000      0.0000      0.2972      0.5199
   0.0000      0.2972      0.1192      0.0010      0.1193      0.2188
   0.3239      2.4798      0.9507      0.9241      0.4801      0.9743
   0.5199      1.9942
 1600.3524
   0.1135      0.1135      0.0000      0.0000      0.1058     95.9909
   0.0000      0.0000      0.0000     67.9166     67.3656      6.7947
  -0.0071      0.0000      0.0000      0.0000      0.2940      0.5292
   0.0000      0.2940      0.1217      0.0016      0.1213      0.2175
   0.3211      2.4755      0.9357      0.8703      0.4708      0.9660
   0.5292      1.9961
 1600.5049
   0.1134      0.1134      0.0000      0.0000      0.1069     96.5299
   0.0000      0.0000      0.0000     65.1793     64.6814      6.8024
  -0.0061      0.0000      0.0000      0.0000      0.2920      0.5377
   0.0000      0.2920      0.1228      0.0022      0.1224      0.2165
   0.3250      2.4737      0.9264      0.8157      0.4623      0.9604
   0.5377      1.9991
```

For Help, press F1

NUM

**Figura 8.3.** Archivo con información de registros no organizada por columnas.

En la línea 16 se crea el archivo que contendrá el listado de archivos LAS, cuya forma de organizar los datos no es por columnas (como por ejemplo el que se muestra en la figura 8.3)

En la línea 17 comienza la estructura *for-next* que controlará el proceso de abrir cada uno de los archivos LAS listados en el archivo archivosLAS.txt (almacenados en el arreglo @ registros)

La estructura comienza en $j=0 (debido a que los arreglos en Perl están indexados desde cero) y finaliza cuando $j<$i. $i es el número de archivos en @registros. Otra forma de encontrar éste número es con la instrucción:

$length=@registros

La variable $length realmente puede tomar cualquier nombre. Lo importante es que la forma en cómo está construida la instrucción (escalar=arreglo) significa que la cantidad de elementos que conforman el arreglo es asignada a la variable $length.

Si observamos el ejemplo de archivo LAS mostrado al comienzo del capítulo, podremos ver que el nombre del pozo está en la misma línea donde está localizada la palabra "WELL". El tope de las mediciones está en la misma línea de la palabra "STRT". La base está en la misma línea que la palabra "STOP". Los registros de pozo disponibles en cada archivo se pueden ubicar después de la palabra "DEPTH" y antes del carácter "~". Usaremos estas palabras y caracteres como patrones para finalmente encontrar la información que necesitamos.

Los archivos LAS se abren en la línea 20. En la línea 21 asignamos el valor de cada elemento del arreglo @registros a la variable $Record. Esta es una variable temporal, ya que su valor cambiará cada vez que leamos uno de los archivos LAS.

El proceso de leer cada archivo LAS comienza en la línea 23, con la estructura *while*.

Entre las líneas 25 y 28 tenemos una estructura de control *if* que permite encontrar la cadena con el patrón "STRT". Si el patrón es encontrado, la línea es fraccionada (*split*) según el carácter " " (un espacio) y sus valores son almacenados en el arreglo @array. En la línea 27 usamos la variable $cima para almacenar el valor del tope, que en el arreglo es $array[1] (el segundo elemento del arreglo)

Debido a que estamos usando @array como variable temporal y más tarde en otras estructuras, es preferible que garanticemos que después de usarlo quede vacío. Esto lo hacemos en la línea 29.

Entre las líneas 30 y 33 tenemos otra estructura de control *if* que permite encontrar la cadena con el patrón "STOP". Si el patrón es encontrado, la línea es fraccionada y sus valores almacenados en el arreglo @array. En la línea 32 usamos la variable $base para almacenar el valor de la base, que está en $array[1].

En la línea 34 "vaciamos" de nuevo a @array. Entre las líneas 35 y 39 tenemos una estructura de control *if* para encontrar el patrón "WELL". Una vez que el patrón es encontrado, fraccionamos la cadena $lineaReg y los resultados son almacenados en @array. Nótese como en este caso hemos usado el carácter ":" para hacer el fraccionamiento de la cadena. Debido a esto, tenemos que ejecutar un paso adicional para obtener el nombre del pozo. En este caso, hacemos un nuevo fraccionamiento que contiene, como cadena, lo contenido en $array[0]. Este vez usamos como fraccionador al carácter ".".

Finalmente, el nombre del pozo estará en $subarray[1] (línea 37) y será almacenado en la variable $wellname.

Entre las líneas 41 y 43 tenemos una estructura de control *if* para encontrar el patrón "DEPT". Esta estructura es interesante en un aspecto. Cuando el patrón es encontrado, $aux toma el valor de 1 (línea 42) Recuerde que estamos usando este patrón para identificar el punto donde están los tipos de registro que se han corrido para ese pozo. Según nuestro modelo de archivo LAS, el nombre del primer registro está en la próxima línea. El último estará antes del próximo carácter "~". La búsqueda de este carácter es hecha en la próxima estructura de control *if* (entre las líneas 44 y 46) Debido a que a lo largo del archivo hay varios caracteres "~", la estructura de control tiene varias condiciones: $r, inicializada en la línea 18, debe ser mayor que 1 ($r cuenta las líneas debajo del patrón "DEPT") La condición $r>1 garantiza que el programa considerará la existencia de al menos un registro. Una vez que la condición es satisfecha, entonces hacemos que $aux=0, lo que indicará que ya se han encontrado todos los registros dentro del archivo LAS.

La próxima estructura de control *if* (entre las líneas 47 y 54) permite obtener los nombres de cada registro de pozo dentro del archivo. La estructura *if* que está dentro garantiza que los nombres de los registros serán leídos en la próxima línea (debajo del patrón "DEPT") Debido a que todos los nombres de los registros tienen un punto "." inmediatamente después, usamos este carácter para hacer el fraccionamiento (*split*) Estos valores son almacenados en @array y el nombre del registro estará en $array[0]. Debido a que esta variable es temporal, el valor definitivo es almacenado en el arreglo @curvas. $c es usada para incrementar el tamaño del arreglo.

Entre las líneas 55 y 57 tenemos una estructura *if* que nos permitirá encontrar el patrón que indica cuando comienzan los datos de cada registro. En este caso, hemos usado el patrón "~A". Cuando este patrón es encontrado, $aux2 toma el valor 1. Esta variable trabaja como una especie de bandera (*flag*)

La primer columna de datos corresponde a la profundidad. Así, el primer valor que encontramos corresponde al tope real a partir del cual se hicieron las mediciones. Debido a que los valores comienzan en la próxima línea después del patrón, usamos la variable $s (inicializada en la línea 19) para ayudarnos a identificar cuando alcanzamos esa línea.

Para saber si los datos están organizados en columnas, leemos la primera línea de datos y la fraccionamos (*split*) usando un espacio (" ", línea 60) Perl realmente toma este valor como uno o más espacios. El arreglo resultante es almacenado en @array2. Calculamos la longitud y la asignamos a la variable $length. Debido a que @array2 incluye el valor de la profundidad, hacemos $length=@array2-1 (línea 62) En la próxima línea calculamos la longitud del arreglo @curvas ($length2) Si $length tiene el mismo valor que $length2, los datos están organizados por columnas. En caso contrario ($length≠$length2), el nombre del archivo LAS se escribe dentro del archivo cuya ruta está almacenada en la variable $reg_sin_formato. Recuerde que este archivo se creó para escritura en la línea 16 y contendrá un listado de los archivos LAS, que según el criterio usado en el programa, no tienen los datos organizados por columnas.

El valor real del tope que hemos encontrado será almacenado en $cimaReal (línea 70)

Para saber cuál es el valor de la base, es decir, el valor de la profundidad final de los registros, consideremos que, después de leer la primera línea de datos (si están organizados por columnas), cualquier profundidad puede ser la base. Sin embargo, debido a que este valor será sobrescrito hasta el final del proceso de lectura, el valor final leído será la base real de las mediciones (línea 78)

En el caso que dentro del archivo se encuentre información organizada en columnas, todos los valores serán escritos en el archivo definido por la variable $datos_registros (línea 89) Recuerde que cuando estamos trabajando con archivos, realmente usamos un alias que hace referencia al archivo. Por ejemplo, para el archivo en la ruta $datos_registros, el alias es OUT, de manera que en la línea 89 cuando estamos indicando que se escriba la información (*print*) en OUT, realmente lo que estamos diciendo al script es que escriba la información en $datos_registros.

Finalmente, recuerde cerrar los archivos (líneas 95 y 96)

La figura 8.4 muestra un ejemplo de cómo se ve el archivo con el listado de los archivos LAS cuyos datos no están organizados en columnas. La figura 8.5 muestra un ejemplo de cómo luce el archivo de salida con información de registros.

**Figura 8.4.** Archivo con listado de archivos LAS cuyos
datos no están organizados en columnas.

```
WellName Top Base RealTop RealBase Logs FileName
        AF-769D                        1510.0000 1805.0000 1510.00 1805.00 BVI /Users/dorian/Documents/PerlBook/LAS/af-769duw1.las
        AF-769D                        1510.0000 1805.0000 1510.00 1805.00 BVW /Users/dorian/Documents/PerlBook/LAS/af-769duw1.las
        AF-769D                        1510.0000 1805.0000 1510.00 1805.00 CALI /Users/dorian/Documents/PerlBook/LAS/af-769duw1.las
        AF-769D                        1510.0000 1805.0000 1510.00 1805.00 CODE1 /Users/dorian/Documents/PerlBook/LAS/af-769duw1.las
        AF-769D                        1510.0000 1805.0000 1510.00 1805.00 CODE2 /Users/dorian/Documents/PerlBook/LAS/af-769duw1.las
        AF-769D                        1510.0000 1805.0000 1510.00 1805.00 FF_FLAG /Users/dorian/Documents/PerlBook/LAS/af-769duw1.las
        AF-769D                        1510.0000 1805.0000 1510.00 1805.00 FW_FLAG /Users/dorian/Documents/PerlBook/LAS/af-769duw1.las
        AF-769D                        1510.0000 1805.0000 1510.00 1805.00 FHC_FLAG /Users/dorian/Documents/PerlBook/LAS/af-769duw1.las
        AF-769D                        1510.0000 1805.0000 1510.00 1805.00 FW_FLAG /Users/dorian/Documents/PerlBook/LAS/af-769duw1.las
        AF-769D                        1510.0000 1805.0000 1510.00 1805.00 GR /Users/dorian/Documents/PerlBook/LAS/af-769duw1.las
        AF-769D                        1510.0000 1805.0000 1510.00 1805.00 GRC /Users/dorian/Documents/PerlBook/LAS/af-769duw1.las
        AF-769D                        1510.0000 1805.0000 1510.00 1805.00 ILD /Users/dorian/Documents/PerlBook/LAS/af-769duw1.las
        AF-769D                        1510.0000 1805.0000 1510.00 1805.00 KF_FLAG /Users/dorian/Documents/PerlBook/LAS/af-769duw1.las
        AF-769D                        1510.0000 1805.0000 1510.00 1805.00 KG_FLAG /Users/dorian/Documents/PerlBook/LAS/af-769duw1.las
        AF-769D                        1510.0000 1805.0000 1510.00 1805.00 LW_FLAG /Users/dorian/Documents/PerlBook/LAS/af-769duw1.las
        AF-769D                        1510.0000 1805.0000 1510.00 1805.00 NUMATR /Users/dorian/Documents/PerlBook/LAS/af-769duw1.las
        AF-769D                        1510.0000 1805.0000 1510.00 1805.00 PAYFLAG /Users/dorian/Documents/PerlBook/LAS/af-769duw1.las
        AF-769D                        1510.0000 1805.0000 1510.00 1805.00 PDSS /Users/dorian/Documents/PerlBook/LAS/af-769duw1.las
        AF-769D                        1510.0000 1805.0000 1510.00 1805.00 PERM /Users/dorian/Documents/PerlBook/LAS/af-769duw1.las
```

**Figura 8.5.** Información de registros extraída de archivos LAS
cuyos datos están organizados en columnas.

# Capítulo 9
# Archivos con modelos de velocidades

# 9. Introducción

Usualmente Openworks™, Charisma™, Petrel™ y otras plataformas de interpretación de datos sísmicos tienen sus propios requerimientos para los formatos de cualquier tipo de datos geológicos, en particular para información de velocidades. Por ejemplo, el modelo de velocidades que sale del software de procesamiento de datos sísmicos Omega™InVa™ luce como se muestra en la figura 9.1.

```
# NOMBRE DEL ESTUDIO: ESTUDIO_DE_PRUEBA
# RESPONSABLES DEL PROYECTO: DORIAN ORIA SAN MARTIN
# FECHA DE PROCESO: ENERO 2005
# TIPO DE PROCESO LIGADO AL CPO. DE VELS: PRE-STACK TIME MIGRATION
# TIPO DE VELOCIDAD: RMS
# CAMPO ORIGINAL DE VELOCIDADES
# TIPO DE ESTUDIO: MARINO STREAMER
# DATUM = 0
# TIPO DE SOFTWARE DE PROCESAMIENTO: OMEGA, INVA
# RANGO DE INLINE: 2880-1896  RANGO DE XLINE: 524-1052
# MUESTREO ESPACIAL DE LAS FUNCIONES DE VELOCIDAD: INLINE: EVERY 40 (1km), XLINE:
EVERY 80 (1km)
# MUESTREO TEMPORAL DE LAS FUNCIONES DE VELOCIDAD: PICADO ORIGINAL
# TAMANO DEL BIN FINAL: 1 x 1km
# DATUM_LEVEL = PROMEDIO DEL NIVEL DEL MAR
#   datum CDP    Coord_X Coord_Y      tiempo  Velocidad  Inline   Xline
     0 221866820 820993.00 2161948.00    0     1500      1896     860
                              869     1506
                              1124    1552
```

**Figura 9.1.** Modelo de velocidades del software de procesamiento Omega™InVa™

GeoFrame™ necesita la información en un formato como el que se muestra en la figura 9.2.

```
1896 860 820993.00 2161948.00 0 1500
1896 860 820993.00 2161948.00 869 1506
1896 860 820993.00 2161948.00 1124 1552
1896 860 820993.00 2161948.00 1437 1644
1896 860 820993.00 2161948.00 1750 1759
1896 860 820993.00 2161948.00 1982 1852
1896 860 820993.00 2161948.00 2193 1936
1896 860 820993.00 2161948.00 2433 2032
1896 860 820993.00 2161948.00 2543 2072
```

**Figura 9.2.** Modelo de velocidades para Geoframe™

En la primera columna está el número de la Inline. La segunda columna contiene el número de la Xline (crossline) La tercera columna contiene la coordenada X (Este). La cuarta columna contiene la coordenada Y (Norte) La quinta columna es el tiempo y la última columna tiene los datos de velocidades.

El script 9.1 convierte la información de salida de Omega™ y la convierte a formato GeoFrame™.

*Script 9.1*

```
1   $InputFile='G:\disk1\velocity\OmegaVelocity.txt';
2   $OutputFile='G:\disk1\velocity\GeoFrameVelocity.txt';
3   $firstLine=16;
4   open (IN,$InputFile);
5   open (OUT,'>'.$OutputFile);
6   $lineas=0;
7   $linea=<IN>;
8   while ($linea) {
9     $lineas++;
10    if ($lineas>=$firstLine) {
11      chomp $linea;
12      @valores=split(" ",$linea);
13      $length=@valores;
14      if ($length==8) {
15        $IL=$valores[6];
16        $XL=$valores[7];
17        $x=$valores[2];
18        $y=$valores[3];
19        print OUT "$IL $XL $x $y $valores[4] $valores[5]\n";
20      }
21      if ($length<8) {
22        print OUT "$IL $XL $x $y $valores[0] $valores[1]\n";
23      }
24    }
25    $linea=<IN>;
26  }
27  close IN;
28  close OUT;
```

En la primera línea asignamos a la variable $InputFile la ruta completa del archivo con la información de velocidades en formato Omega™. El archivo de salida será GeoFrameVelocity.txt (línea 2) La ruta completa es asignada a la variable $OutputFile.

Usaremos la variable $firstLine como una bandera que indica la última línea del encabezado del archivo de entrada. Los datos serán leídos desde la próxima línea, es decir, según nuestro ejemplo, desde la línea 17 (figura 9.1)

En la línea 4 abrimos el archivo de entrada en modo lectura. En la línea 5 abrimos el archivo de salida en modo escritura.

El proceso de leer el archivo de entrada comienza en la línea 8 con la estructura de control *while*. Los datos a leer del archivo de entrada se encuentra desde la línea 17. Esto es lo que motiva la condición en la estructura de control *if* de la línea 10. Una vez que la condición es satisfecha, creamos el arreglo @valores usando un espacio " " como fraccionador (*splitter*, línea 12) La variable $length contendrá la longitud del arreglo (línea 13) Usaremos el valor de esta variable para saber cuándo tendremos otra curva de velocidad (otro CDP) En nuestro caso, si $length es igual 8, entonces estaremos comenzando una nueva curva de velocidad. Cada curva de velocidad empieza con una línea como la línea 17 de nuestro ejemplo. El arreglo, al leer esta línea es algo como lo que se muestra a continuación:

| 0 | 221866820 | 820993.00 | 2161948.00 | 0 | 1500 | 1896 | 860 |
|---|-----------|-----------|------------|---|------|------|-----|

Obtenemos los valores de cada variable que necesitamos y son leídas y escritas tantas veces mientras encontramos otro arreglo cuyo tamaño sea igual a 8. Mientras los arreglos tengan longitud 2, entonces quiere decir que pertenecen a la curva a la que previamente se le leyó un arreglo de longitud 8.

La figura siguiente muestra un extracto de un modelo de velocidades proveniente de otro software de procesamiento de datos sísmicos.

```
# Nombre del estudio: PRE-STACK TIME MIGRATION  Y PROFUNDIDAD DE
DIAMANTE
# DORIAN 3D
# Clave : JDSJDSHKS
# Compania de proceso: XXXX
# Responsable de proceso : DORIAN ORIA SAN MARTIN
# Fecha de proceso: Mayo 2006
# Tipo de proceso ligado a las velocidades:  PRE-STACK TIME MIGRATION
# Tipo de velocidad : MIGRATION VELOCITY VRMS
# Tipo de estudio : LAND
#
# Tipo de software de procesamiento :  Geovecteur 2.1
# Rango de INLINE 1200,1211-3491,3550  y XLINE  11,267-1697,1750
# Muestreo espacial Inline cada 10   Xline cada 10
# Muestreo temporal cada 48 ms
# Tamaño del bin sin interporal 25 x 25
# LANDMARK VELOCITY FUNCTION
# 21/04/06
# FUNCTION_TYPE = TVrms
# LINEAR_UNITS = METERS
#LINE 1200
      200.0  796411.8 2013675.0    8.00   1383.00
                          56.00   1383.00
                         104.00   1397.00
                         152.00   1481.00
                         200.00   1577.00
                         248.00   1738.00
                         296.00   1884.00
                         344.00   1955.00
                         392.00   2019.00
                         440.00   2047.00
                         488.00   2068.00
                         536.00   2058.00
```

**Figura 9.3.** Extracto de un archivo con otro modelo de velocidades.

El siguiente script convierte el formato anterior a formato GeoFrame™.

```
1    $fileInput='D:\dorian\SEGY\VEL-MIG-LANDMARK.txt';
2    $fileOutput='D:\dorian\SEGY\VEL-MIG-SCOTTMCKAY.txt';
3    $firstline=20;
4    ##############################################################
     ##########
5    $l=0;
6    $numeral='#';
7    open (OUT,'>'.$fileOutput);
8    open (IN,$fileInput);
9    $lineaIN=<IN>;
10   while ($lineaIN) {
11    $l++;
12    if ($l>=$firstline) {
13     @array=split(' ',$lineaIN);
14     $lenght=@array;
15     $firstChar=substr($array[0],0,1);
16     $EsNumeral=$firstChar eq $numeral;
17     if ($EsNumeral==1) {
18      $Inline=$array[1];
19     }
20     if ($lenght==5) {
21      $Xline=$array[0];
22      $XCoord=$array[1];
23      $YCoord=$array[2];
24      $time=$array[3];
25      $attribute=$array[4];
26      print OUT "$Inline\t$Xline\t$XCoord\t$YCoord\t$time\t$attribute\n";
27     }
28     if ($lenght==2 && $EsNumeral!=1) {
29      print OUT "$Inline\t$Xline\t$XCoord\t$YCoord\t$array[0]\t$array[1]\n";
30     }
31    }
32    $lineaIN=<IN>;
33   }
34   close IN;
35   close OUT;
```

La diferencia entre este script y el anterior es el criterio usado para identificar el comienzo y final de una función de velocidad. De acuerdo a nuestro ejemplo que fue mostrado en la figura 9.3, la primera función de velocidad comienza en la línea 20. Sin embargo, en formato Omega™, toda la información estaba en la misma línea. En este caso, el nombre de la Inline está en la línea antes de la línea donde están contenidos los datos. Nótese que la línea donde está la Inline comienza con el carácter "#". Así, usaremos este carácter como patrón, pero usaremos una metodología diferente. En este caso, debido a que el carácter "#" está siempre al comienzo de las líneas que conforman el encabezado, fraccionamos la línea y el arreglo resultante lo almacenamos en @array. Para la primera función de velocidades, $array[0] es #LINE. Extraeremos el carácter "#" de esta cadena usando la función **substr** (línea 15) En la línea 16 hacemos la comparación entre las cadenas $firstChar (recuerde que Perl da diferentes tratamientos a números y cadenas de caracteres) y el carácter "#" almacenado en la variable $numeral (declarado en la línea 6) En este caso usamos **eq** (*equal*) para comparar ambas cadenas. El resultado de la comparación es almacenado en la variable $EsNumeral (línea 16) Si esta variable toma el valor 1 (*true*, ambas cadenas son idénticas), entonces el valor de la Inline es $array[1] (línea 18) y los datos de la función de velocidad comenzarán en la próxima línea (cuando la longitud del arreglo @array sea igual a 5, línea 20)

Veamos otro ejemplo. Para generar datos apilados en el software de procesamiento de datos sísmicos Focus™, es necesario que los archivos de velocidades sean ordenados por CDP en orden ascendente. En la adquisición de datos sísmicos marinos, usualmente el procesamiento de los datos a bordo (para propósitos de control de calidad) es hecho para cada secuencia. Debido a que es necesario estar generando apilados brutos (*brute stacks*) para cada secuencia individual, para cada una de ellas se genera por consiguiente un modelo de velocidades. Sin embargo, en algunos casos es necesario generar un cubo de información de todas las secuencias juntas. Bajo estas circunstancias, es necesario tener sólo un modelo de velocidades en un solo archivo, pero lo que tenemos son varios archivos provenientes del procesamiento de cada secuencia. El problema consiste entonces en hacer sólo un archivo, con todos los CDP's ordenados. El siguiente script toma las leyes de velocidad provenientes de diferentes *Jobs files* de Focus™ y los pone junto en un solo archivo. Un ejemplo de cómo lucen estos *jobs* se muestra en la figura 9.4.

```
1    $firstChar='*';
2    $stringHANDVEL='HANDVEL';
3    $files='G:\Vel-All\files.txt';
4    $output='G:\Vel-All\velUnSort.txt';
5    open (FILES,$files);
6    open (OUT,'>'.$output);
7    $linea=<FILES>;
8    while ($linea) {
9      $l=0;
10     $primeraLinea=1000;
11     chomp $linea;
12     open (IN,$linea);
13     $LINEA=<IN>;
14     while ($LINEA) {
15       chomp $LINEA;
16       $firstCharLine=substr($LINEA,0,1);
17       $resultado=$firstCharLine eq $firstChar;
18       $cadena=substr($LINEA,0,7);
19       $resultado2=$cadena eq $stringHANDVEL;
20       $l++;
21       if ($resultado2==1) {
22         $primeraLinea=$l;
23       }
24       if ($l>=$primeraLinea && $resultado!=1) {
25         print OUT "$LINEA\n";
26       }
27       $LINEA=<IN>;
28     }
29     close IN;
30     $linea=<FILES>;
31   }
32   close FILES;
33   close OUT;
```

Los archivos de velocidades terminan con la expresión *END. Podríamos usar esta cadena como patrón para la búsqueda, indicando el final del archivo. Sin embargo, usaremos el carácter "*" como patrón para hacer más interesante el ejercicio.

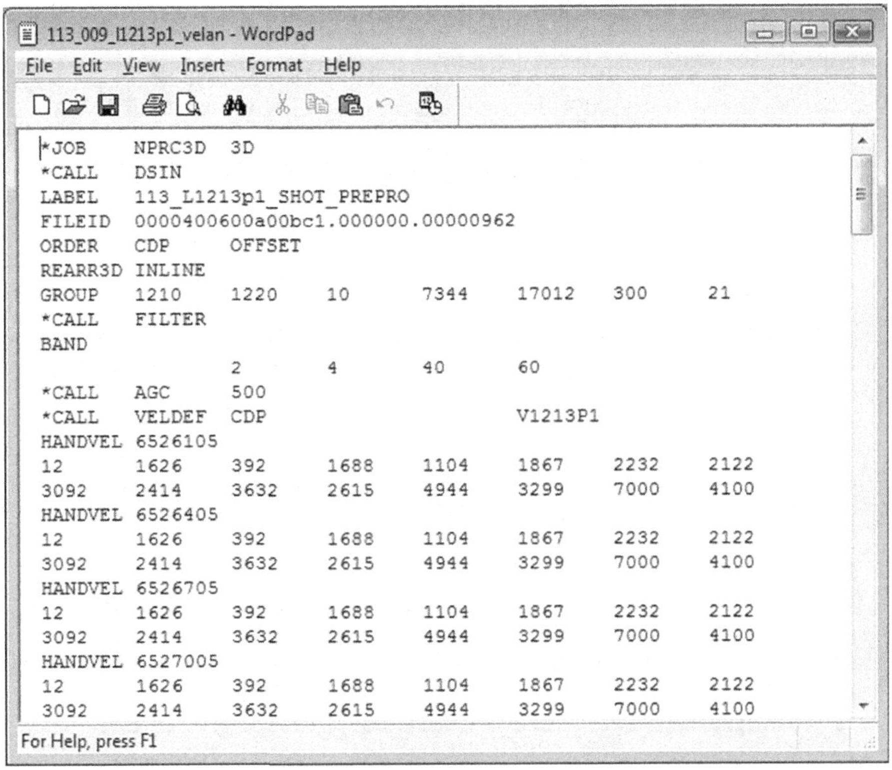


```
*JOB     NPRC3D  3D
*CALL    DSIN
LABEL    113_L1213p1_SHOT_PREPRO
FILEID   0000400600a00bc1.000000.00000962
ORDER    CDP     OFFSET
REARR3D  INLINE
GROUP    1210    1220    10      7344    17012   300     21
*CALL    FILTER
BAND
                 2       4       40      60
*CALL    AGC     500
*CALL    VELDEF  CDP                     V1213P1
HANDVEL  6526105
12       1626    392     1688    1104    1867    2232    2122
3092     2414    3632    2615    4944    3299    7000    4100
HANDVEL  6526405
12       1626    392     1688    1104    1867    2232    2122
3092     2414    3632    2615    4944    3299    7000    4100
HANDVEL  6526705
12       1626    392     1688    1104    1867    2232    2122
3092     2414    3632    2615    4944    3299    7000    4100
HANDVEL  6527005
12       1626    392     1688    1104    1867    2232    2122
3092     2414    3632    2615    4944    3299    7000    4100
```

**Figura 9.4.** *Job file* con velocidades.

La primera línea contiene la variable que será usada como patrón.

Tal como podrá notar, cada ley o función de velocidad comienza con la cadena "HANDVEL". Esta también será usada como patrón y se asignó a la variable $stringHANDVEL en la segunda línea.

En la tercera línea hemos declarado una variable que contiene la ruta completa del archivo que contiene la lista de los archivos con las funciones de velocidad. Este archivo luce como se muestra en la figura 9.5. Para preparar este archivo consulte las instrucciones descritas en la tabla 8.1 del capítulo 8.

La cuarta línea contiene el nombre del archivo de salida.

**Figura 9.5.** Lista de archivos de velocidades.

En la quinta línea se abre, para lectura, el archivo mostrado en la figura 9.5.

En la sexta línea se abre el archivo, para escritura, que contendrá los resultados después de ejecutar el script. Es decir, contendrá todas las leyes de velocidades unificadas y ordenadas por CDP.

El archivo que contiene la lista de los archivos de velocidades es leído desde la línea 7.

La variable $l en la línea 9 permite contar el número de líneas dentro de los archivos de velocidades.

En la línea 10 inicializamos la variable $primeraLinea y le asignamos un valor alto. La finalidad de haber asignado este valor es garantizar que la primera condición que se cumpla sea la que está entre las líneas 21 y 23. Una vez que se cumple esa condición, entonces la variable $primeraLinea toma el valor de la línea donde se encuentra la palabra "HANDVEL"

A partir de la línea 12 se abren los archivos de velocidades indicados en el archivo $files declarado en la línea 3.

Este script dará como resultado un archivo con todas las leyes de velocidades, pero aún sin estar ordenadas por CDP. Un ejemplo de este archivo se muestra en la figura 9.6.

```
velUnSort.txt
12      1498    460     1644    1024    1838    1652    2031
2436    2318    3192    2664    3520    2812    4148    3081
4620    3274    5216    3495    5700    3665    7000    4105
HANDVEL 23813420
12      1498    580     1668    1056    1833    1968    2158
2436    2318    2856    2502    3404    2761    3996    3016
4620    3274    5216    3495    5616    3627    7000    4105
HANDVEL 1
12      1498    1024    1851    2436    2229    3192    2680
3996    3220    7000    4105
HANDVEL 21406399
12      1498    492     1652    1024    1851    2180    2168
2684    2373    3168    2591    3672    2801    4620    3172
7000    4105
HANDVEL 21406699
12      1498    492     1652    1024    1851    1792    2054
2180    2168    2684    2373    3000    2513    3596    2740
4040    2906    4760    3194    7000    4105
HANDVEL 1
12      1498    1024    1851    2436    2229    3192    2680
3996    3220    7000    4105
HANDVEL 22273450
12      1498    528     1674    1200    1901    2440    2268
3136    2648    3740    2906    4668    3259    5684    3626
7000    4105
HANDVEL 22273750
12      1498    528     1674    1056    1853    1700    2041
2792    2430    3552    2809    4192    3067    4912    3351
5464    3552    6028    3761    7000    4105
HANDVEL 22274050
12      1498    528     1674    1024    1842    1852    2098
2412    2307    2748    2425    3436    2753    4116    3006
5112    3390    6028    3761    7000    4105
HANDVEL 22274350
12      1498    528     1674    1024    1842    1852    2098
2412    2307    2748    2425    3192    2637    3996    2962
5004    3347    5540    3578    7000    4105
HANDVEL 22274650
12      1498    284     1574    668     1722    1180    1906
```

**Figura 9.6.** Salida del script 9-3. Archivo con todas las leyes de velocidades, sin estar ordenadas por CDP.

Ahora tenemos que ordenar la información de ese archivo para que pueda ser utilizado por el software de procesamiento. Pare ello podemos usar el script siguiente.

```
1    $sourceLetter="HANDVEL";
2
3    $files='G:\Vel-All\velUnSort.txt';
4    $output='G:\Vel-All\Vel-All.txt';
5    $i=0;
6    $l=0;
7    $string="";
8    open (FILES,$files);
9    open (OUT,'>'.$output);
10   print OUT "*CALL   VELDEF   cdp                    VMC3TST1\n";
11   $linea=<FILES>;
12   while ($linea) {
13     $HandvelWord=substr($linea,0,7);
14
15     @array2=split(" ",$linea);
16     $resultado=$HandvelWord eq $sourceLetter;
17
18     $Linea[$l]=$linea;
19     if ($resultado==1)
20     {
21       chomp $linea;
22       @array=split(" ",$linea);
23       $CDP[$i]=$array[1];
24       $i++;
25     }
26     if ($resultado!=1 && $l>1)
27     {
28       $string=$string.$linea;
29     }
30     if ($resultado==1 && $i>1)
31     {
32       $cdp{$CDP[$i-2]}=$string;
33       $string="";
34     }
35     $l++;
36     $linea=<FILES>;
37   }
38   $cdp{$CDP[$i-1]}=$Linea[$l-2].$Linea[$l-1];
```

```
39    @Linea=();
40    close FILES;
41    $j=0;
42    @CDPSort=sort{$a <=> $b} (@CDP);
43    foreach $item (@CDPSort) {
44      $CDPDebug{$CDPSort[$j]}=1;
45      $j++;
46    }
47    @Keys=keys(%CDPDebug);
48    @KeysSort=sort{$a <=> $b} (@Keys);
49    $j=0;
50    foreach $item (@KeysSort) {
51      print OUT "HANDVEL $KeysSort[$j]\n$cdp{$KeysSort[$j]}";
52      $j++;
53    }
54    close OUT;
```

El archivo de entrada para el script anterior tiene una estructura como la que se muestra en la figura 9.6.

La variable $files en la línea 3 contiene la ruta completa del archivo con las leyes de velocidad sin ordenar por CDP's.

En la línea 4 está definida la variable que contiene la ruta completa del archivo de salida. Recuerde que este archivo de salida finalmente contendrá la información ordenada por CDP's, tal como la necesita el programa de procesamiento de datos sísmicos Focus™.

En la línea 8 abrimos el archivo con la información no ordenada para lectura y en la línea 9 abrimos para escritura el archivo de salida.

El formato del archivo de entrada para Focus™ necesita la información que se escribe en la línea 10.

Cada función de velocidad comienza con la palabra HANDVEL. Por eso la usaremos como patrón para saber cuándo hemos encontrado una función de velocidad. En la línea 1 hemos definido una variable que contiene este patrón. En la línea 13, a medida que vamos leyendo el archivo, vamos guardando en la variable $HandvelWord los primeros 7 caracteres de cada línea. En lo que esta cadena de caracteres sea igual a HANDVEL, podemos decir entonces que hemos encontrado una función de velocidad.

Entre las líneas 19 y 25, tenemos una estructura *if* que nos permite determinar el número del CDP.

Nos interesa que el archivo de salida tenga el mismo formato que el que se muestra en la figura 9.6, pero ordenado por CDP. Así, nos interesa copiar las funciones de velocidad tal como provienen del original sin ordenar. Esta cadena se construye entre las líneas 26 y 37.

Nótese que en la línea 32 estamos construyendo una *hash*, en el cual las claves (*keys*) son los números de los CDP's.

El resto del script es para ordenar las claves y una vez ordenadas, ya se pueden escribir en el archivo de salida los CDP's con sus funciones de velocidades (línea 51)

Es importante destacar que los datos de tiempo y velocidad para cada CDP están ordenados por pares. Por ejemplo, veamos la figura 9.6 por un momento. Tomemos como ejemplo el CDP 22274350 (HANDVEL 22274350) La curva de velocidades para este CDP sería como se muestra en la tabla 9.1.

La figura 9.7 muestra como se ve el archivo con los CDP's ordenados en forma ascendente.

**Tabla 9.1.** Función de velocidad

| CDP 22274350 | |
|---|---|
| Tiempo (ms) | Velocidad (m/s) |
| 12 | 1498 |
| 528 | 1674 |
| 1024 | 1842 |
| 1852 | 2098 |
| 2412 | 2307 |
| 2748 | 2425 |
| 3192 | 2637 |

| 3996 | 2962 |
|------|------|
| 5004 | 3347 |
| 5540 | 3578 |
| 7000 | 4105 |

```
000                              Vel–All.txt ▼
*CALL    VELDEF  cdp                   VMC3TST1
HANDVEL 1
12       1498    1044    1807    2416    2177    4364    2682
6932     3766
HANDVEL 6
12       1626    392     1688    1104    1867    2232    2122
3092     2414    3632    2615    4944    3299    7000    4100
HANDVEL 7
12       1626    392     1688    1100    1861    2260    2150
3112     2551    3688    2774    4956    3198    7000    4100
HANDVEL 1560466
24       1500    1676    2141    2420    2421    3132    2689
3836     2945    5016    3371    6896    4012
HANDVEL 1560766
24       1500    1084    1914    1676    2141    2420    2421
3132     2689    3836    2945    5016    3371    6896    4012
HANDVEL 1561066
24       1500    528     1686    1084    1914    1676    2153
2420     2421    3132    2689    3836    2945    5016    3371
6896     4012
HANDVEL 1561366
24       1500    528     1686    1084    1914    1676    2153
2420     2421    3132    2689    3836    2945    5016    3371
6896     4012
HANDVEL 1561666
24       1500    528     1686    1100    1896    1668    2129
2452     2403    3180    2677    3836    2945    5016    3371
6896     4012
HANDVEL 1561966
24       1500    1100    1896    1668    2129    2452    2403
```

**Figura 9.7.** Salida del script 9-4. Archivo con todas las leyes de velocidades y los CDP's ordenados ascendentemente.

# Capítulo 10
# Archivos SEG-Y

## 10.1 Archivos SEG-Y.

El formato SEG-Y es usado en el mundo de la geofísica para representar información sísmica. Ha sido desarrollado por la Sociedad de Ingenieros Geofísicos (SEG por sus siglas en inglés) Este formato puede ser usado para manejar información sísmica en sus diferentes etapas durante el procesamiento: disparos (*shot gathers*), *gathers CDP* o apilados.

El formato SEG-Y consiste de tres partes: un encabezado de texto (al que llamaré en lo sucesivo *text header*) Este encabezado es usualmente conocido como *EBCDIC header*. Una segunda parte conocida como encabezado binario (o *binary header*) y una tercera parte conocida como las trazas sísmicas, donde cada una de ellas a su vez tiene un encabezado de traza (o *trace header*) La figura 10.1 muestra, esquemáticamente, la estructura de un archivo SEG-Y. La figura 10.2 muestra como luce la información para cada traza sísmica: su encabezado y la información sísmica como tal. Para más información, por favor visite: http://seg.org/publications/tech-stand/

| EBCDIC | BINARY | TRAZA 1 | DATOS | TRAZA 2 | DATOS | ••• |
|--------|--------|---------|-------|---------|-------|-----|
| 3200 bytes | 400 bytes | 240 bytes | N bytes | 240 bytes | N bytes | |

**Figura 10.1.** Estructura de un archivo SEG-Y.

A continuación, vamos a estudiar detenidamente cada parte de un archivo SEG-Y.

### 10.1.1 *Text header* (EBCDIC)

La primera parte o *text header* (EBCDIC) tiene una extensión de 3200 bytes. El *text header* usualmente contiene información acerca de lo que está representado en el archivo SEG-Y. Por ejemplo el nombre del proyecto, área, procesamiento aplicado, tipo de dato (*shot gather, CDP gather, apilado*), descripción corta de la secuencia de procesamiento, la ubicación de información importante (dentro del archivo) como: la cobertura (*fold*) de cada traza (información apilada, por ejemplo), número del punto de disparo, CDP, coordenadas y otros. La figura 10.3 muestra un ejemplo de *text header*, extraído de un archivo con información apilada. Es usual que el formato del *text header* varíe, dependiendo del software de procesamiento o de estándares que apliquen.

Como hemos mencionado anteriormente, el *text header* es usualmente conocido también como EBCDIC, debido al formato que se usa para "empacar" (*pack*) esta información dentro del archivo. Información adicional se puede conseguir en: http://en.wikipedia.org/wiki/EBCDIC

El script 10.1 toma un archivo SEG-Y como entrada y extrae los primeros 3200 bytes y los convierte desde el formato EBCDIC a formato ASCII. La salida del script es un archivo de texto con la información contenida en el *text header*.

**Figura 10.2.** Estructura de una traza sísmica (*trace header* + datos)

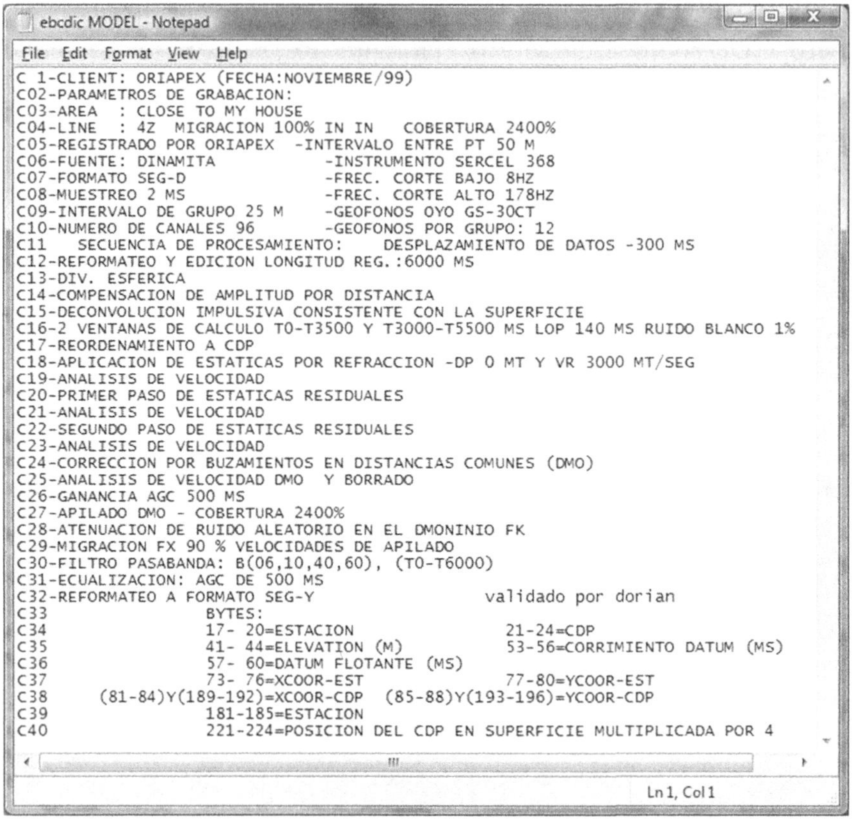

**Figura 10.3.** Ejemplo de *text header* (EBCDIC).

*Script 10.1*

```
1   use Encode;
2   $InputFile='File.SEGY';
3   open(IN,$InputFile);
4   binmode(IN);
5   open (EBCDIC,'>ebcdic.txt');
6   read (IN,$buf,3200);
7   $string = decode("cp37", $buf);
8   for ($a=0;$a<40;$a++) {
9     $pos=$a*80;
10    $linea=substr($string,$pos,80);
11    print "$linea\n";
12    print EBCDIC "$linea\n";
```

```
13  }
14  close EBCDIC;
15  close IN;
```

En la primera línea, la palabra reservada **use** le dice al intérprete de Perl que incluya el módulo **Encode** como parte del script. Este módulo provee la interfaz entre las cadenas de Perl y el resto del sistema (http://perldoc.perl.org/Encode.html)

En la segunda línea tenemos la variable que contiene el nombre del archivo SEG-Y a procesar y su ruta completa de acceso.

En la tercera línea, abrimos el archivo SEG-Y para leerlo.

En la cuarta línea usamos la instrucción **binmode** para decirle al intérprete de Perl que abra el archivo en modo binario (esta es la forma que debe usarse siempre que se esté trabajando con archivos SEG-Y)

En la línea 5 creamos el archivo de texto que contendrá la información del *text header*, una vez que haya sido convertida desde el formato EBCDIC. Recuerde que el carácter '>' está indicando que el archivo se crea desde cero en modo escritura.

En la línea 6 usamos la instrucción **read** para leer el archivo SEG-Y. El número 3200 indica los bytes que se van a leer del archivo y se van a almacenar en la variable $buf.

En la línea 7 usamos la instrucción **decode** para convertir los 3200 bytes que están en formato EBCDIC a un formato que ya podamos entender. Los 3200 bytes fueron codificados usando el conjunto de caracteres 0037 (*code page 0037 o cp37*), el cual es un mapeo desde caracteres ASCII más caracteres Latin-1 (como por ejemplo ISO 8859-1) al formato EBCDIC. Es por ello que se usa la opción "cp37" para hacer el proceso inverso, es decir, la decodificación. El producto de esta decodificación es almacenado en la variable $string.

En el archivo SEG-Y, los caracteres ASCII han sido codificados como una cadena continua de bytes desde el primero hasta el 3200. Sin embargo, el estándar SEG-Y dice que el *text header*, una vez decodificado, tendrá 40 líneas con 80 caracteres cada una incluyendo los espacios en blanco.

Por esta razón tenemos el ciclo *for*, entre las líneas 8 y 13, que nos permitirá escribir esta información de forma que podamos entenderla según el estándar. Esta información se mostrará en pantalla y además se escribirá a un archivo.

Finalmente, en la línea 14 se cierra el archivo que contiene la información del *text* header y en la línea 15 se cierra el archivo SEG-Y.

## 10.1.2 *Binary header* (encabezado binario)

Esta parte del archivo SEGY-Y viene inmediatamente después del *text header* y ocupa un rango de 400 bytes de longitud que va desde el byte 3201 hasta el 3600. Este encabezado contiene información de carácter obligatorio, necesaria para poder leer el archivo SEG-Y. Aun cuando en el estándar hay varias variables que son obligatorias, las más importantes son el número de muestras por traza (bytes 3221-3222) y el formato de los datos (bytes 3225-3226) Esta información es requerida para que las aplicaciones puedan ser capaces de leer el archivo. Algún valor erróneo en estos bytes y la información lucirá corrupta.

Otra variable que es muy importante es el intervalo de muestreo (bytes 3217-3218) Este valor está escrito en microsegundos. Este valor permite a las aplicaciones que grafican información sísmica crear la escala de tiempo que se supone está representada por la información contenida en el archivo. Sin embargo, este valor no es crítico para leer la información.

El siguiente script permite acceder a algunas variables del *binary header*.

*Script 10.2*

```
1   open (IN,$ARGV[0]);
2   binmode(IN);
3   read (IN,$buf,3600);
4   $LineNumberString=substr($buf,3204,4);
5   $LineNumber=unpack("N",$LineNumberString);
6   $srString = substr ($buf,3216,2) ;
7   $sr=unpack("n",$srString);
8   $nsamplesString=substr ($buf,3220,2) ;
9   $nsamples=unpack("n",$nsamplesString);
10  $codeString=substr($buf,3224,2) ;
```

```
11  $code=unpack("n",$codeString);
12  $TraceSortingCodeString=substr($buf,3228,2);
13  $TraceSortingCode=unpack("n",$TraceSortingCodeString);
14  if ($code==1) {
15    $mensajeFormato="32 bits Floating Point";
16  }
17  if ($code==2) {
18    $mensajeFormato="32 bits Fixed Point";
19  }
20  if ($code==3) {
21    $mensajeFormato="16 bits Fixed Point";
22  }
23  if ($code==4) {
24    $mensajeFormato="32 bits Fixed Point with Gain Values";
25  }
26  if ($code==5) {
27    $mensajeFormato="32 bits IEEE Floating Point";
28  }
29  if ($code==8){
30    $mensajeFormato="8 bits";
31  }
32  print "El numero de la linea es $LineNumber\n";
33  print "La rata de muestreo es $sr microsegundos\n";
34  print "La rata de muestreo es ".($sr/1000)." en milisegundos\n";
35  print "El numero de muestras por traza es $nsamples\n";
36  print "Asumiendo que los datos de la traza sismica comienzan en 0 s, la longitud
      de la traza es ".(($nsamples-1)*$sr/1e6)." segundos\n";
37  print "El formato de los datos es $code, es decir, $mensajeFormato\n";
38  print "El codigo de ordenamiento de las trazas es $TraceSortingCode\n";
39  close IN
```

Este script debe ser ejecutado desde la línea de comandos. La figura siguiente muestra cómo debe ejecutarse (rectángulo gris) y los resultados después de la ejecución.

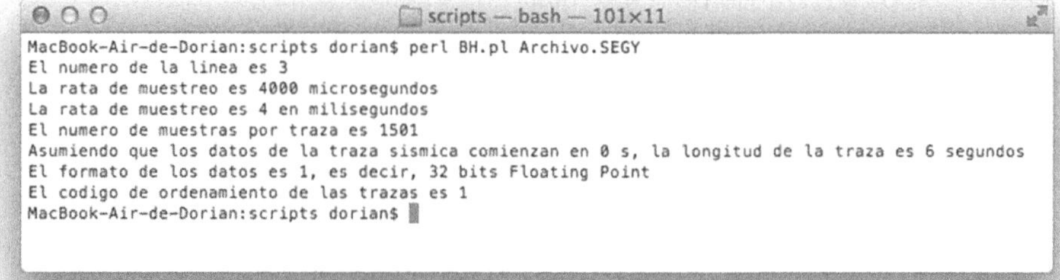

**Figura 10.4.** Salida del script 10.2.

En este ejemplo hemos querido cambiar la forma de dar entrada de información al script. En este caso, en lugar de editar el script para cambiar cada vez el nombre del archivo SEG-Y de entrada, nos valdremos de una variable especial: @ARGV. Este arreglo contendrá todos los valores que se pasen como argumento al script desde la línea de comandos. Estos argumentos, en caso de que sean dos o más, deben ir separados por un espacio.

En nuestro ejemplo (figura 10.4), el argumento es el archivo SEG-Y que llamamos Archivo.SEGY. Como solo estamos pasando un solo argumento, entonces nuestro arreglo @ARGV sólo tiene un elemento. Ya sabemos que para referirnos a él, usamos $ARGV[0] Así es como lo hemos declarado en la línea 1 del script.

Recuerde que para leer archivos SEG-Y debemos hacerlo en modo binario y eso es lo que hacemos en la línea 2.

En la tercera línea leemos los primeros 3600 bytes del archivo y los almacenamos en la variable $buf. Esta variable contendrá una cadena de bytes.

En la línea 4, con la instrucción **substr** extraemos de $buf los bytes desde 3205 hasta 3208 (es importante destacar aquí que cuando estamos leyendo un archivo binario, nos paramos al final del byte anterior al que queremos leer, por eso en esta línea se hace referencia al byte 3204. El número después de la coma indica que vamos a leer 4 bytes) Estos cuatro bytes son almacenados en la variable $LineNumberString.

La línea 5 contiene una de las instrucciones más importantes en Perl para manipular SEG-Y files: **unpack**. Esta instrucción convierte la información desde formato binario a algo que puede ser entendido. En nuestro caso, números. Más información sobre el funcionamiento de esta instrucción puede ser conseguida en la ayuda que viene con Perl. En la instalación de Perl que yo uso, se puede conseguir la ayuda en: file:///usr/local/ActivePerl-5.16/html/index.html.

Volviendo a nuestra línea 5, la opción "N" convierte cadenas de 4 bytes a un entero positivo, cuyo rango permite representar números desde 0 hasta 4,294,967,295 ($2^{32} - 1$)

En la línea 6 extraemos los dos bytes donde está contenida la rata de muestreo. Para representar este número sólo son necesarios 2 bytes. Como este número está representado con dos bytes, la instrucción **unpack** se usa con la opción "n" (línea 7) Esta opción devuelve un entero positivo, pero con un rango que va desde 0 hasta 65535.

Entre las líneas 8 y 13 se leen otras variables del *binary header*: número de muestras por traza, formato de los datos sísmicos y el código de ordenamiento de la información de la traza (*trace sorting code*)

No es posible saber directamente el formato de los datos sísmicos. Sólo es posible obtener el código y luego es necesario revisar en el documento del estándar a qué formato corresponde el código obtenido. Entre las líneas 14 y 31 se agregaron varias estructuras condicionadas *if* que, dependiendo el código, mostrarán el formato de los datos. Esta información se almacenará en la variable $mensajeFormato.

Entre las líneas 32 y 38 se muestran en pantalla los valores de las variables leídas del SEG-Y.

La forma en como los datos son "empacados" (*packed*) en el *binary header* es la misma que en el encabezado de las trazas (*trace header*) Así, veremos instrucciones similares para "desempacar" (*unpack*) la información en el script que utilizaremos para obtener información del *trace header*.

## 10.1.3 *Trace header* (encabezado de las trazas)

A diferencia del *text header* y del *binary header* que están presentes sólo una vez en la estructura del archivo SEG-Y, el *trace header* se repite dentro del archivo tantas veces como trazas estén representadas en él. Esto es debido a que el *trace header* contiene información (aunque no toda) que es única para cada traza. Por ejemplo, el número del CDP, coordenadas de las estaciones receptoras, números de *inline* y *xline* (en caso de sísmica 3D), cobertura, etc.

Muchos programas aún continúan trabajando con la primera versión del formato SEG-Y (1975) Este formato asume, por ejemplo, que todas las trazas dentro del archivo contienen el mismo número de trazas. Sin embargo, la nueva versión del formato (aún sin estar completamente implementado) perite tener trazas con diferente número de muestras por traza y diferentes ratas de muestreo. Esto es particularmente útil en casos en los que se quiere juntar, en un mismo archivo, trazas provenientes de otros archivos (2D y 3D) Sin embargo, antes de juntarse archivos SEG-Y, primero debe chequearse que el código formato (*format code*) de las muestras (*samples*) sea el mismo (ya que esta información se encuentra en el *binary header*)

Muchas empresas han tomado el estándar SEG como base para crear sus propios estándares, usando campos que normalmente no son críticos y otros que actualmente no se están usando.

El siguiente script nos muestra los valores de las variables SP, CDP, coordenada X y coordenada Y de la primera traza de un archivo SEG-Y.

*Script 10.3*

```
1    open (IN,$ARGV[0]);
2    binmode(IN);
3    read(IN,$buf,3840);
4    $spString=substr($buf,3616,4);
5    $sp=unpack("N",$spString);
6    $cdpString=substr($buf,3620,4);
7    $cdp=unpack("N",$cdpString);
8    $xString=substr($buf,3672,4);
9    $x=unpack("N",$xString);
```

```
10    $yString=substr($buf,3676,4);
11    $y=unpack("N",$yString);
12    print "El primer SP es $sp\n";
13    print "El primer CDP es $cdp\n";
14    print "La coordenada X de la primera traza es $x\n";
15    print "La coordenada Y de la primera traza es $y\n";
16    close IN
```

El archivo SEG-Y es abierto en las primeras dos líneas.

En la tercera línea se leen los primeros 3840 bytes. Es decir: 3200 bytes del *text header*, 400 del *binary header* y 240 bytes del *trace header* de la primera traza. Estos 3840 bytes se almacenan en la variable $buf.

Ahora, vamos a extraer 4 bytes de esa cadena de bytes almacenada en $buf correspondientes al primer punto de tiro (*shot point*). Esta información está contenida entre los bytes 3817 y 3820. Esto quiere decir, entre los bytes 217 y 220 del *trace header*. Para hacer esta extracción usamos la instrucción **substr**. Perl da el mismo tratamiento a cualquier cadena de caracteres, sin importar si se trata de caracteres ASCII, o cadena de bytes codificadas.

La información del punto de tiro está codificada con un número entero de 4 bytes. Esto quiere decir que para descodificarla, usaremos la instrucción **unpack**, con la opción "N" (línea 5)

En la sexta línea, se extrae la cadena de bytes que contiene el número del CDP y se almacena en $cdpString.

En la séptima línea, la información contenida en $cdpString es decodificada y almacenada en $cdp.

En la octava línea, extraemos la cadena de bytes de contiene la coordenada X. Esta cadena se almacena en la variable $xString.

En la novena línea, la variable $xString es decodificada (*unpack*) y almacenada en la variable $x.

En las líneas 10 y 11 repetimos el mismo proceso para la coordenada Y.

Después de ejecutar el script, veremos una salida similar a la que se muestra en la figura 10.5.

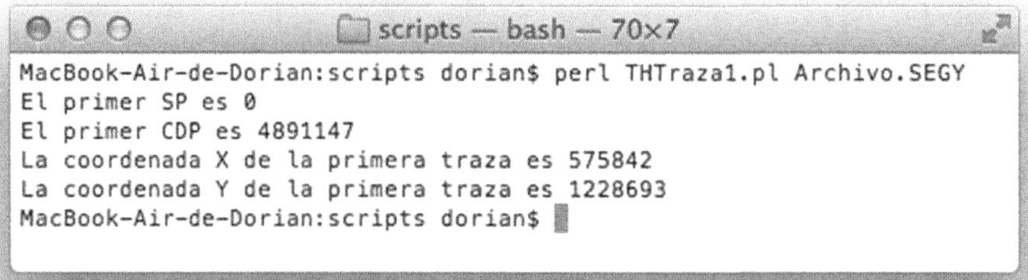

```
MacBook-Air-de-Dorian:scripts dorian$ perl THTraza1.pl Archivo.SEGY
El primer SP es 0
El primer CDP es 4891147
La coordenada X de la primera traza es 575842
La coordenada Y de la primera traza es 1228693
MacBook-Air-de-Dorian:scripts dorian$
```

**Figura 10.5.** Salida del script 10.3.

## 1.1.4    **Número de trazas que contiene un archivo SEG-Y.**

El tamaño en bytes de un archivo SEG-Y se puede calcular a partir de la siguiente ecuación:

$$Tamaño\ del\ Archivo = THS + BHS + nT * TrHS + nT * SDT$$
$$(1)$$

donde:

THS: Tamaño del *text* header, es decir, 3200 bytes.

BHS: tamaño del *binary header*, es decir, 400 bytes.

nT: número de trazas dentro del archivo SEG-Y.

TrHS: tamaño del *trace header* size, es decir, 240 bytes

SDT: tamaño en bytes de la porción de la traza sin el *trace header* (encerrada en un rectángulo verde en la figura 10.2) Para obtener este valor, es necesario aplicar la siguiente ecuación:

$$SDT = nMuestras * Tama\tilde{n}oMuestra$$

(2)

donde:

nMuestras: número de muestras. Esta información está disponible en los bytes 3221-3222.

TamañoMuestra: este valor depende del código formato de las muestras (bytes 3225-3226) Por ejemplo, si el código formato de las muestras es 1, entonces el tamaño en bytes de cada muestra es 4 bytes.

La primera ecuación puede ser reescrita de la siguiente manera:

$$Tama\tilde{n}o\ del\ Archivo = 3600 + nT * (240 + nMuestras * Tama\tilde{n}oMuestra)$$

(3)

A partir de la ecuación 3 podemos calcular entonces el número de trazas presentes en un archivo SEG-Y:

$$nT = \frac{Tama\tilde{n}o\ del\ Archivo - 3600}{240 + nMuestras * Tama\tilde{n}oMuestra}$$

(4)

El siguiente script usa la ecuación anterior para calcular el número de trazas presentes en un archivo SEG-Y.

*Script 10.4*

```
1   use File::stat;
2   open (IN,$ARGV[0]);
3   binmode(IN);
4   open (LOG,'>'.$ARGV[1]);
5   $filesize=stat($ARGV[0])->size;
6   sysseek(IN,3200,0);
```

```perl
7    if (read (IN,$buf,400)){
8      $sr=unpack("n",substr($buf,16,2));
9      $sample=unpack("n",substr($buf,20,2));
10     $code=unpack("n",substr($buf,24,2));
11     $btr=4;
12     if ($code==8 || $code==0 || $code==6){
13       $btr=1;
14       print "Formato de datos: 8 bits\n";
15       print LOG "Formato de datos: 8 bits\n";
16     }
17     if ($code==3){
18       $btr=2;
19       print "Formato de datos: 16 bits\n";
20       print LOG "Formato de datos: 16 bits\n";
21     }
22     if ($btr==4) {
23       print "Formato de datos: 32 bits\n";
24       print LOG "Formato de datos: 32 bits\n";
25     }
26   }
27   $pertrace=($sample*$btr)+240;
28   $trazas=($filesize-3600)/$pertrace;
29   print "El SEG-Y tiene $filesize bytes\n";
30   print "La rata de muestreo es $sr microsegundos\n";
31   print "Cada traza tiene $sample muestras\n";
32   print "Asi, el total de trazas es $trazas\n";
33   print "=========================================";
34   print "        \n";
35   print LOG "El SEG-Y tiene $filesize bytes\n";
36   print LOG "La rata de muestreo es $sr microsegundos\n";
37   print LOG "Cada traza tiene $sample muestras\n";
38   print LOG "Asi, el total de trazas es $trazas\n";
39   print "...Listo!\n";
```

El script debe ejecutarse desde la línea de comandos. La siguiente figura muestra la salida del script. El script necesita dos argumentos: el primero es el nombre del archivo SEG-Y de entrada y el segundo es un archivo de salida, en el cual se escribirá un reporte de algunos parámetros extraídos del archivo SEG-Y. Este archivo tiene el mismo contenido que la información mostrada en la figura 10.6.

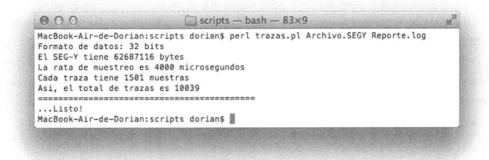

**Figura 10.6.** Salida del script 10.4.

En la línea del script se invoca un módulo que es necesario para obtener características relacionadas con archivos, en particular, características como el tamaño en bytes, en nuestro caso, del archivo SEG-Y de entrada.

En la línea 2 se abre el archivo de entrada. Recuerde que el archivo de entrada puede estar en cualquier parte. Lo importante es especificar la ruta completa para acceder a él. En este caso se asigna a la variable $ARGV[0]

En la línea 3, a través de la instrucción **binmode**, Perl entiende que el archivo debe abrirse en modo binario.

En la línea 4 se crea un archivo de salida, el cual contendrá información sobre el archivo SEG-Y. La ruta donde estará este archivo de salida está almacenada en la variable $ARGV[1]

En la línea 5, usamos el método **size** del módulo **File::stat** para obtener el tamaño en bytes del archivo de entrada.

En la línea 6 usamos la instrucción **sysseek** para saltarnos los primeros 3200 bytes (el tamaño del *text header*) El número 0 en la instrucción indica que se cuenten los 3200 bytes desde el principio del archivo.

La instrucción **sysseek** la usamos para mostrar otra opción para tener acceso a archivos SEG-Y. En scripts pasados leíamos toda una cadena de bytes desde el principio del archivo y la almacenábamos en una variable. Luego extraíamos de esta variable los bytes que nos interesaba decodificar (*unpack*) Esto puede no tener sentido cuando se trata de acceder a partes del archivo que están bastante lejos de los primeros bytes. Una vez que damos el salto con la instrucción **sysseek**, podemos leer la información del *binary header* como si estuviésemos empezando desde cero. Fíjese como, por ejemplo, para extraer los bytes donde está la información de la rata de muestreo, leemos los bytes 17 y 18.

Entre las líneas 7 y 26 se leen los valores rata de muestreo, número de muestras por traza y el código formato (*data sample format code*) presentes en el *binary header*. En el script, por defecto, asumimos que el tamaño en bytes de cada muestra en las trazas tiene un tamaño de 4 bytes ($btr en la línea 11) El valor cambia a 1 si el código formato es 0, 6 u 8 ($code, línea 10) Si $code toma el valor 3, entonces el valor de $btr es 2.

El tamaño de cada traza, incluyendo su *trace header* (240 bytes) es calculado en la línea 27 ($pertrace) Esta variable es el divisor en la ecuación 4.

Finalmente, el número de trazas es calculado en la línea 28 ($trazas)

Entre las líneas 29 y 34, el script muestra los resultados en la línea de comandos. La misma información es escrita en el archivo de salida entre las líneas 35 y 39.

La figura 10.7 muestra como se ve el archivo de salida.

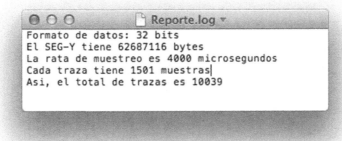

**Figura 10.7.** Archivo de salida generado después de la ejecución del script 10.4.

# Anexos

# Anexo 1
# Adquisición de datos sísmicos

## A1.1 Operaciones de campo para adquisición de datos sísmicos en tierra.

Usualmente, en un proyecto de adquisición sísmica, se genera una gran cantidad de información, con una gran variedad de formatos. En caso de que se usen explosivos como fuente de energía, las etapas de la operación de adquisición a grandes rasgos son:

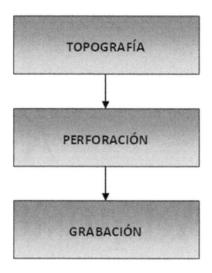

**Figura A1.1.** Etapas básicas en un proyecto de adquisición de datos sísmicos en tierra.

En cada una de estas etapas se genera un montón de información. Aun cuando todas las etapas son importantes, tradicionalmente la más importante y delicada es la etapa de grabación. Es en esta etapa donde finalmente se graban los datos. Es usual que miles de canales, cables y dispositivos electrónicos complejos sean desplegados en el campo. Todo este equipo es bastante costoso y en muchos lugares es conveniente, por varias razones, grabar la información tan pronto como sea posible. Sin embargo, es importante también que los datos sean grabados con la mejor calidad posible.

A continuación veremos un script que programé en el año 2004 para chequear las pruebas de geófonos y FDU del equipo Sercel™ 408. Este script ha sido reescrito para poder funcionar con la nueva librería gráfica de Perl. El script está bien comentado, por lo que al escribirlo Ud. mismo le servirá para revisar todo lo tratado en este libro.

Las pruebas de geófonos lucen como se muestra en la figura A1.2. Las pruebas de FDU's lucen como se muestra en la figura A1.3.

El script necesita de entrada un archivo que contiene la dirección donde se encuentra otro archivo que contiene los parámetros que se usarán para la prueba de geófonos. Este archivo es básicamente como se muestra en la figura siguiente y debe llamarse filecute. txt. Debe estar en la misma dirección desde donde se ejecuta este script. El archivo luce como se muestra en la figura A1.4. El archivo que aparece listado en el filecute.txt se muestra en la figura A1.5. La primera columna contiene los nombres de las pruebas. Los valores numéricos mostrados se encuentran separados por tabuladores.

SENSOR QC

| Serial Nb | Line Name | Point Nb | Point Index | Sensor Type | Segd Code | Resistance (ohm) | Noise (uv) | Leakage (Mo) | Tilt (%) | Easting | Northing | Elevation | Latest Update |
|-----------|-----------|----------|-------------|-------------|-----------|------------------|------------|--------------|----------|---------|----------|-----------|---------------|
| 3009 | 1024 | 5324 | 1 | 1 | 2 | 862 | 3.26 | 2.00 | 2.4 | 454375.0 | 2004549.9 | 8.2 | Apr 8, 2004 1:27 |
| 3009 | 1024 | 5325 | 1 | 1 | 2 | 892 | 4.17 | 2.00 | 0.9 | 454424.2 | 2004549.9 | 7.4 | Apr 8, 2004 1:27 |
| 3009 | 1024 | 5326 | 1 | 1 | 2 | 936 | 4.32 | 2.00 | 0.1 | 454472.3 | 2004550.3 | 8.4 | Apr 8, 2004 1:27 |
| 6083 | 1024 | 5327 | 1 | 1 | 2 | 921 | 3.50 | 2.00 | 1.6 | 454525.3 | 2004550.1 | 9.0 | Apr 8, 2004 1:27 |
| 6083 | 1024 | 5328 | 1 | 1 | 2 | 889 | 3.62 | 2.00 | 4.5 | 454578.4 | 2004550.1 | 8.0 | Apr 8, 2004 1:27 |
| 6083 | 1024 | 5329 | 1 | 1 | 2 | 853 | 3.24 | 2.00 | 0.3 | 454625.0 | 2004551.0 | 9.7 | Apr 8, 2004 1:27 |
| 6083 | 1024 | 5330 | 1 | 1 | 2 | 861 | 4.53 | 2.00 | 0.8 | 454675.2 | 2004549.9 | 9.1 | Apr 8, 2004 1:27 |
| 6083 | 1024 | 5331 | 1 | 1 | 2 | 903 | 5.09 | 2.00 | 1.1 | 454722.6 | 2004550.1 | 9.2 | Apr 8, 2004 1:27 |
| 6083 | 1024 | 5332 | 1 | 1 | 2 | 935 | 5.38 | 2.00 | 0.8 | 454777.1 | 2004551.5 | 9.1 | Apr 8, 2004 1:27 |
| 2674 | 1024 | 5333 | 1 | 1 | 2 | 924 | 3.62 | 2.00 | 0.3 | 454825.9 | 2004551.2 | 9.1 | Apr 8, 2004 1:27 |
| 2674 | 1024 | 5334 | 1 | 1 | 2 | 890 | 4.38 | 2.00 | 1.9 | 454875.8 | 2004550.5 | 9.2 | Apr 8, 2004 1:27 |
| 2674 | 1024 | 5335 | 1 | 1 | 2 | 857 | 3.39 | 2.00 | 1.0 | 454925.6 | 2004550.5 | 8.2 | Apr 8, 2004 1:27 |
| 2674 | 1024 | 5336 | 1 | 1 | 2 | 859 | 3.74 | 2.00 | 0.7 | 454974.9 | 2004550.0 | 8.2 | Apr 8, 2004 1:27 |
| 2674 | 1024 | 5337 | 1 | 1 | 2 | 883 | 3.90 | 2.00 | 0.9 | 455025.2 | 2004549.8 | 7.7 | Apr 8, 2004 1:27 |
| 2674 | 1024 | 5338 | 1 | 1 | 2 | 917 | 3.75 | 2.00 | 0.2 | 455078.7 | 2004549.9 | 6.5 | Apr 8, 2004 1:27 |
| 3448 | 1024 | 5339 | 1 | 1 | 2 | 937 | 4.55 | 2.00 | 4.0 | 455124.6 | 2004550.7 | 7.7 | Apr 8, 2004 1:27 |

**Figura A1.2.** Ejemplo de prueba de geófonos del Sercel™ 408.

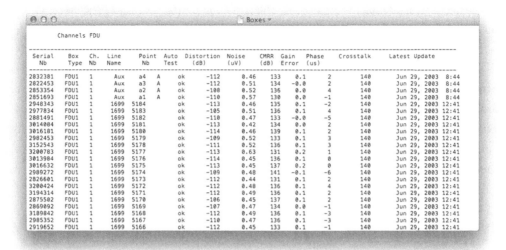

Figura A1.3. Ejemplo de prueba de FDU's del Sercel™ 408.

Figura A1.4. Archivo filecute.txt.

**Figura A1.5.** Archivo de parámetros para prueba de geófonos.

*Script A1.1*

```perl
1    #,,,,,,,,,,,,,,,,,,,,,,,,,,,,,,,,,,,,,
2    # Script Name: Carolina
3    # Script Version: 2.0
4    # Date: 07/09/13
5    # Author: Dorian Oria
     # Description:  chequea las pruebas de geofono y de las cajas del equipo
6    SERCEL 408.
7    #
8    use lib "..";
9    use Tkx;
     ################ Inicialización de contadores y vectores
10   ##########################
11
12   $onoffg=0;
13   $onoffb=0;
14
15   #Construcción de la ventana principal
16   $top = Tkx::widget->new(".");
17   $top->g_wm_title("Carolina");
18   $top->configure(-width=>1000,-height=>700);
19   $top->g_wm_resizable(0,0);
     #############################################################
20   ###########
```

```perl
21   #Barra de progreso
22   $progress=$top->new_ttk__progressbar(
23                   -orient=>'horizontal',
24                   -length=>400,
25                   -variable=>\$percent_done
26               );
27
28   $progress->g_place(-x=>2,-y=>600);
29
     $etiqueta1=$top->new_label(-textvariable=>\$aviso); #esta etiqueta esta encima
30   de la barra de progreso
31   $etiqueta1->g_place(-x=>1,-y=>570);
32
33   $etiqueta2=$top->new_label(-textvariable=>\$percent);
34   $etiqueta2->g_place(-x=>410,-y=>600);
35
36   #Fin de barra de progreso
     #################################################################
37   ###########
38
39   #Etiqueta que indica equipo se esta chequeando
40   $checando=$top->new_label(-text=>'Checking:');
41   $checando->g_place(-x=>4,-y=>2);
42   $aviso2=$top->new_label(-textvariable=>\$equipo);
43   $aviso2->g_place(-x=>90,-y=>2);
     #################################################################
44   ###########
45
46   #Text boxes con valores de corte de geofonos
47   $res_text=$top->new_label(-text=>'< Resistance <',-foreground=>'darkgreen');
48   $res_text->g_place(-x=>230,-y=>84);
     $lim_inf = $top->new_entry(-width => '6', -relief => 'sunken',-
49   background=>'red');
50   $lim_inf->g_place(-x => 165,-y=>80);
     $lim_sup=$top->new_entry(-width => '6', -relief => 'sunken',-
51   background=>'red');
```

```
52    $lim_sup->g_place(-x => 330,-y=>80);

53

54    $leak_tetxt=$top->new_label(-text=>'Leakage >');

55    $leak_tetxt->g_place(-x=>245,-y=>120);

      $lim_leak= $top->new_entry(-width => '6', -relief => 'sunken',-
56    background=>'lightgreen');

57    $lim_leak->g_place(-x => 315,-y=>120);

58

59    $tilt_text=$top->new_label(-text=>'Tilt <');

60    $tilt_text->g_place(-x=>245,-y=>160);

      $lim_tilt= $top->new_entry(-width => '6', -relief => 'sunken',-
61    background=>'yellow');

62    $lim_tilt->g_place(-x => 315,-y=>160);

63

64    $noise_text=$top->new_label(-text=>'Noise <');

65    $noise_text->g_place(-x=>245,-y=>200);

      $lim_noise= $top->new_entry(-width => '6', -relief => 'sunken',-
66    background=>'lightblue');

67    $lim_noise->g_place(-x => 315,-y=>200);

      ################################################################
68    ############

69

70    $dis_text=$top->new_label(-text=>'Distortion        Max');

71    $dis_text->g_place(-x=>500,-y=>80);

72

73    $noise_text=$top->new_label(-text=>'Noise           Max');

74    $noise_text->g_place(-x=>500,-y=>110);

75

76    $cmr_text=$top->new_label(-text=>'CMR             Min');

77    $cmr_text->g_place(-x=>500,-y=>140);

78

79    $x_text=$top->new_label(-text=>'X Talk          Min');

80    $x_text->g_place(-x=>500,-y=>170);

81

82    $gain_text=$top->new_label(-text=>'Gain            Max');
```

```perl
83   $gain_text->g_place(-x=>500,-y=>200);

84

85   $phase_text=$top->new_label(-text=>'Phase          Max');
86   $phase_text->g_place(-x=>500,-y=>230);

87

88   $dis_value=$top->new_label(-textvariable=>\$dist);
89   $dis_value->g_place(-x=>580,-y=>80);
90   $noise_value=$top->new_label(-textvariable=>\$noise);
91   $noise_value->g_place(-x=>580,-y=>110);
92   $cmr_value=$top->new_label(-textvariable=>\$cmr);
93   $cmr_value->g_place(-x=>580,-y=>140);
94   $xtalk_value=$top->new_label(-textvariable=>\$xtalk);
95   $xtalk_value->g_place(-x=>580,-y=>170);
96   $gain_value=$top->new_label(-textvariable=>\$gain);
97   $gain_value->g_place(-x=>580,-y=>200);
98   $phase_value=$top->new_label(-textvariable=>\$phase);
99   $phase_value->g_place(-x=>580,-y=>230);

100

101

102  #Menú donde aparece Help and utiilities
103  $menuframe=$top->new_menu(-relief=>'ridge');
104  $top->configure(-menu=>$menuframe);
105  $help_menu = $menuframe->new_menu;
106  $util_menu= $menuframe->new_menu;
107  $box_menu= $menuframe->new_menu;
108  $menuframe->add_cascade(-menu=>$help_menu,-label=>'Help');
109  $menuframe->add_cascade(-menu=>$util_menu,-label=>'Geo Parameters File');
110  $menuframe->add_cascade(-menu=>$box_menu,-label=>'Box Parameters File');
111  $help_menu->add_command(-label=>"Help",-command=>sub {&ayuda()});
112  $util_menu->add_command(-label=>"New",-command => sub {&geoparnew()});
113  $util_menu->add_command(-label=>"Open",-command => sub {&carga_geo_
     pam()});
```

```perl
114  $util_menu->add_command(-label=>"Save",-command => sub {&save});
115  $util_menu->add_command(-label=>"Save As",-command => sub {&saveas});
116  $box_menu->add_command(-label=>"FDU",-command=>sub{&FDU});
117  $box_menu->add_command(-label=>"SU6R",-command=>sub{&SU6R});
118
     ###############################################################
119  ###########
120
121  sub FDU {
122  $equipo="FDU";
123  &etiquetas_equipo;
124  $act_fdu=1;     #indica si está activo el equipo FDU
125  if ($act_sur==1)
126  {
127    $combo_time_SU6->g_destroy;
128    $combo_gain_SU6->g_destroy;
129    $act_sur=0;
130  }
131
132  $combo_time_fdu=$top->new_ttk__combobox(-textvariable=>\$sample,
133               -values=>"0.25ms 0.50ms 1.00ms 2.00ms 4.00ms");
134  $combo_time_fdu->g_place(-x=>170,-y=>30);
135
136  $combo_gain_fdu=$top->new_ttk__combobox(-textvariable=>\$gain_equip,
137               -values=>"0dB 12dB");
138  $combo_gain_fdu->g_place(-x=>400,-y=>30);
139  return $equipo;
140  }
141
142  sub SU6R {
143  $equipo="SU6-R";
144  &etiquetas_equipo;
145  $act_sur=1;     #indica si está activo el equipo SU6-R
146  if ($act_fdu==1)
147  {
```

```
148    $combo_time_fdu->g_destroy;
149    $combo_gain_fdu->g_destroy;
150    $act_fdu=0;
151  }
152
153  $combo_time_SU6=$top->new_ttk__combobox(-textvariable=>\$sample,
154              -values=>"1.00ms 2.00ms 4.00ms");
155  $combo_time_SU6->g_place(-x=>170,-y=>30);
156
157  $combo_gain_SU6=$top->new_ttk__combobox(-textvariable=>\$gain_equip,
158              -values=>"24dB 36dB 42dB 48dB");
159  $combo_gain_SU6->g_place(-x=>400,-y=>30);
160  return $equipo;
161  }
162
163  #################################################################
       ############
164
165  #Botones radio button para escoger cajas o geofonos
166  $geo=$top->new_radiobutton(-command=>sub{&check_geo},-
       selectcolor=>'lightgreen',-text=>'Geophones',-variable=>\$onoffg);#,-value=>0);
167  $geo->g_place(-x=>6,-y=>80);
168
169  $box=$top->new_radiobutton(-command=>sub{&impbox},-
       selectcolor=>'lightgreen',-text=>'Boxes',-variable=>\$onoffb);
170  $box->g_place(-x=>6,-y=>105);
171  #################################################################
       ############
172
173  #Botón de salida del programa
174  $exitbutton=$top->new_button(-text=>'Exit',-command=>sub{exit});
175  $exitbutton->g_place(-x=>880,-y=>670,-width=>100);
176  #################################################################
       ############
177
178  #Mensajes sobre el autor
```

```perl
179  $mensaje=$top->new_label(-text=>'This software has been made by Dorian
     Oria');
180  $mensaje->g_place(-x=>2,-y=>650);
181
182  $email=$top->new_label(-text=>'e-mail: dorian.oria@gmail.com');
183  $email->g_place(-x=>63,-y=>670);
     ################################################################
184  ###########
185
186  #Ventana de texto
187  $topframe = $top->new_ttk__frame; # contains buffer list and editor
188  $topframe->g_place(-x=>2,-y=>250);
189  #Configuración de la ventana blanca
     $texto=$topframe->new_text(-bg=>'lightyellow',-height=>20,-width=>138,-
190  wrap=>'none');
191  $texto->g_grid(-column=>0, -row=>0);
     $archivos = $topframe->new_scrollbar(-command => [$texto, "yview"],-orient
192  => "vertical");
193  $archivos->g_grid(-column=>1,-row=>0,-sticky=>'nsew');
194  $texto->configure(-yscrollcommand => [$archivos,'set']);
195  $aviso="Starting...";
196  $percent=0 . "%";
197
198  &carga_automatica_geo_pam;
199
200  Tkx::MainLoop();
201
202  #Fin de construcción de la ventana principal
     ################################################################
203  ###########
204
205  sub check_geo {
206  $mensaje_geo1="Geophone Test";
207  $mensaje_geo2="File with all geophones";
208  $mensaje_geo3="File with bad geophones";
209  $mensaje_geo4="File with resume of bad geophones";
```

```
210   $mensaje5="All geophones information saved as:\n";
211   $file="Geophone Test Files";
212   $ext="*.geo";
213   $l_inf_res=$lim_inf->get;
214   $l_sup_res=$lim_sup->get;
215   $l_leak=$lim_leak->get;
216   $l_tilt=$lim_tilt->get;
217   $l_noise=$lim_noise->get;
218   $texto->delete(0.1,'end');
219   $texto->insert('end',"Line\tAverage\n");
220   $ruta1=abrir($top);
221   $rb=0;          #cuenta las realmente malas, bien sean geofonos o cajas
222   $b=0;
223   $j=0;
224   $i=0;
225   $n=0;
226   $k=0;
227   $noseaplicopruebares=0;
228   $noseaplicopruebaleak=0;
229   $noseaplicopruebanoise=0;
230   $noseaplicopruebatilt=0;
231   $desconectadas=0;
232   $malres=0;
233   $malleak=0;
234   $malnoise=0;
235   $maltilt=0;
236   %really_bad=();
237   @caja=();
238   @linename=();
239   @point=();
240   @resistance=();
241   @noise=();
242   @leakage=();
243   @tilt=();
```

```perl
244   @easting=();
245   @northing=();
246   @month=();
247   @day=();
248   @year=();
249   @hour=();
250
251   $noapli="N/A";
      $string1="Serial"; #palabra clave que avisa cuando se está cerca del comienzo
252   de los datos
253   $string2="------"; #esta cadena se encuentra al final del archivo "geo"
      ########### Lectura del archivo que contiene las pruebas de geófonos
254   ################
255   $lf = 0;
256   open(FILE, $ruta1) or die "Can't open '$filename': $!";
257   while (sysread FILE, $buffer, 4096) {
258     $lf += ($buffer =~ tr/\n//);
259     }
      $lf=$lf-9;   #descuenta las líneas al principio y al final del archivo que no
260   contienen información
261   close (FILE);
262   $texto->insert('end',$lf);
      ######## Fin de lectura del archivo que contiene las pruebas de geófonos
263   ##############
264
265
266   #Abre el archivo que contiene los datos de los geófonos
267   open(geo,$ruta1)||die ("Could not open file \n");
268
269   $linea=<geo>;
270   $aviso="Reading " . $ruta1;
271
272   #En este ciclo se inicia la busqueda de los patrones $string's
273   while ($linea)
274   {
```

```
275   $i++;                        #cuenta las líneas dentro del archivo con los datos
276   if ($result1=$linea=~/$string1/)
277   {
278   $b=$i;
279   #   $r=0;
280   }
281    if ($result2=$linea=~/$string2/)
282   {
283      $k++;                      #bandera indicando que ha encontrado string2
284   }
285   if ($i-$b>2 && $k==2)
286    {
287   @array=split(" ",$linea);
      for ($a=0;$a<1;$a++) #a<10, este número es la cantidad de columnas que tiene
288   la prueba de datos
289   {
290   $caja[$j]=$array[$a];
291   $linename[$j]=$array[$a+1];
292      $point[$j]=$array[$a+2];
293      $resistance[$j]=$array[$a+6];
294      $noise[$j]=$array[$a+7];
295      $leakage[$j]=$array[$a+8];
296      $tilt[$j]=$array[$a+9];
297      $easting[$j]=$array[$a+10];
298      $northing[$j]=$array[$a+11];
299      $month[$j]=$array[$a+13];
300      $array[$a+14]=~s/\,//; #elimina la coma del día
301      $day[$j]=$array[$a+14];
302   $year[$j]=$array[$a+15];
303   $hour[$j]=$array[$a+16];
304   $j++;
305   }
306    }
307    $percent_done=sprintf "%.0f",($i/$lf)*100;
308    $percent=$percent_done . "%";
```

```perl
309    $linea=<geo>;
310  }
311
312  $salida1=salvar1($top);
313  $texto->insert('end', "Paso");
314  $salida2=salvar2($top);
315  $salida3=salvar3($top);
316  # Se crea archivo con lo extraido del archivo geo
317  open (salida,'>' . $salida1); #todos los elementos de la prueba
318  open (malas,'>' . $salida2); #todos los elementos de la prueba
319  open (real_malas,'>' . $salida3);
320  print salida "Box\tLine\tPoint\tRes\tNoise\tLeak\tTilt\tEast\t\tNorth\t\
     tMonth\tDay\tYear\tHour\n";
321  print malas "Box\tLine\tPoint\tValue\tTest\n";
322  #$archivos->insert('end',"Resume of strings out of specifications:\n");
323  $texto->insert('end',"Resume of strings out of specifications:\n");
324  $texto->insert('end',"Res\tLeak\tNoise\tTilt\tDiscon\n");
325  foreach (@caja)
326  {
327    $aviso="Writing Results Files...";
328    $nar=$resistance[$n] eq $noapli;   #verifica que un valor de resistencia es
     N/A
329    $nal=$leakage[$n] eq $noapli;
330    $nan=$noise[$n] eq $noapli;
331    $nat=$tilt[$n] eq $noapli;
332    print salida "$caja[$n]\t$linename[$n]\t$point[$n]\t$resistance[$n]\
     t$noise[$n]\t$leakage[$n]\t$tilt[$n]\t$easting[$n]\t$northing[$n]\
     t$month[$n]\t$day[$n]\t$year[$n]\t$hour[$n] \n";
333    #Rutina para prueba de resistance
334    if ($resistance[$n]==9999)
335    {
336      $desconectadas++;   #cuenta las ristras desconectadas
337    }
338    if ($nar!=1)
```

```
339  {
340     if ($resistance[$n]<$l_inf_res || $resistance[$n]>$l_sup_res &&
     $resistance[$n]!=9999)
341     {
342       $aviso="Resistance";
343       $malres++;
344       $punto_pegado=$linename[$n] . $point[$n];
345       $really_bad{$punto_pegado}=$really_bad{$punto_pegado} . "-" . $aviso;
         print malas "$caja[$n]\t$linename[$n]\t$point[$n]\t$resistance[$n]\
346     tResistance \n";
347     }
348   }
349   else
350   {
351     $noseaplicopruebares++;
352   }
353  #Fin de rutina de resistencia
354  #Rutina para determinar ristras malas por leakage
355   if ($nal!=1)
356   {
357     if ($leakage[$n]<$l_leak && $resistance[$n]!=9999)
358     {
359       $aviso="Leakage";
360       $malleak++;
361  #      $pointleak[$malleak-1]=$linename[$n].$point[$n];
362       $punto_pegado=$linename[$n] . $point[$n];
363       $really_bad{$punto_pegado}=$really_bad{$punto_pegado} . "-" . $aviso;
         print malas "$caja[$n]\t$linename[$n]\t$point[$n]\t$leakage[$n]\tLeakage
364   \n";
365     }
366   }
367   else
368   {
369     $noseaplicopruebaleak++;
370   }
```

```
371    #Fin de rutina de leakage
372    #Rutina para determinar ristras malas por noise
373     if ($nan!=1)
374     {
375      if ($noise[$n]>$l_noise && $resistance[$n]!=9999)
376        {
377        $aviso="Noise";
378        $malnoise++;
379        print malas "$caja[$n]\t$linename[$n]\t$point[$n]\t$noise[$n]\tNoise \n";
380        }
381     }
382     else
383     {
384      $noseaplicopruebanoise++;
385     }
386    #Fin de rutina de noise
387    #Rutina para determinar ristras malas por tilt
388     if ($nat!=1)
389     {
390      if ($tilt[$n]>$l_tilt && $resistance[$n]!=9999 && $tilt!=100)
391        {
392        $aviso="Tilt";
393        $maltilt++;
394        $punto_pegado=$linename[$n] . $point[$n];
395        $really_bad{$punto_pegado}=$really_bad{$punto_pegado} . "-" . $aviso;
396        print malas "$caja[$n]\t$linename[$n]\t$point[$n]\t$tilt[$n]\tTilt \n";
397        }
398     }
399     else
400     {
401      $noseaplicopruebatilt++;
402     }
403    #Fin de rutina de noise
404     $n++;
```

```
405  }
406  $length=@caja;
407
408  $texto->insert('end', "$malres\t$malleak\t$malnoise\t$maltilt\
     t$desconectadas\n");
409  $texto->insert('end', "Resistance Test was not applied at $noseaplicopruebares
     strings \n");
410  $texto->insert('end', "Leakage Test was not applied at $noseaplicopruebaleak
     strings \n");
411  $texto->insert('end', "Noise Test was not applied at $noseaplicopruebanoise
     strings \n");
412  $texto->insert('end', "Tilt Test was not applied at $noseaplicopruebatilt strings
     \n");
413  $texto->insert('end', "$length samples were checked\n");
414  $aviso="Ready for another test";
415  close(salida);
416  close(malas);
417  close(geo);
418  @re_bad=keys(%really_bad);
419  @re_bad_test=values(%really_bad);
420  $length=@re_bad;
421  $texto->insert('end',"There are $length strings out of specifications\n");
422  print real_malas "Point\tTests\n";
423  foreach (@re_bad) {
424    print real_malas "$re_bad[$rb]\t$re_bad_test[$rb]\n";
425    $rb++;
426  }
427  close(real_malas);
428  $onoffg=0;
429  $onoffb=0;
430
431  #################Fin de la rutina de chequeo de geófonos
     #######################
432  }
433
434  ############## Inicio de chequeo de las cajas  ####################
     ###########
```

```perl
435    sub impbox {
436    $mensaje_geo1="Box Test";
437    $mensaje_geo2="File with all boxes";
438    $mensaje_geo3="File with bad boxes";
439    $mensaje_geo4="File with resume of bad boxes";
440    $file="Box Test Files";
441    $ext="*.box";
442    $ruta1=abrir($top);
443    $rb=0;          #cuenta las realmente malas, bien sean geofonos o cajas
444    $b=0;
445    $j=0;
446    $i=0;
447    $n=0;
448    $k=0;
449    $maldis=0;
450    $malnoiseinst=0;
451    $malcmr=0;
452    $malgain=0;
453    $malphase=0;
454    $malxtalk=0;
455    $noseaplicopruebadis=0;
456    $noseaplicopruebanoiseinst=0;
457    $noseaplicopruebacmr=0;
458    $noseaplicopruebagain=0;
459    $noseaplicopruebaphase=0;
460    $noseaplicopruebaxtalk=0;
461    %really_bad=();
462    @caja=();
463    @linename=();
464    @point=();
465    $dist_box=();
466    $noise_box=();
467    $cmr_box=();
```

```perl
468  $gain_box=();
469  $phase_box=();
470  $xtalk_box=();
471  $noapli="N/A";
472  $string1="Serial"; #palabra clave que avisa cuando se está cerca del comienzo
     de los datos
473  $string2="-----"; #esta cadena se encuentra al final del archivo "tst"
474  ########### Lectura del archivo que contiene las pruebas de cajas
     ##################
475  $lf = 0;
476  open(FILE, $ruta1) or die "Can't open '$filename': $!";
477  while (sysread FILE, $buffer, 4096) {
478    $lf += ($buffer =~ tr/\n//);
479    }
480  $lf=$lf-9;  #descuenta las líneas al principio y al final del archivo que no
     contienen información
481  close (FILE);
482
     ######## Fin de lectura del archivo que contiene las pruebas de cajas
483  #################
484
485
486  #Abre el archivo que contiene los datos de las cajas
487  open(box,$ruta1)||die ("Could not open file \n");
488
489  $linea=<box>;
490  $aviso="Reading " . $ruta1;
491  #En este ciclo se inicia la busqueda de los patrones $strings
492  while ($linea)
493  {
494  $i++;                    #cuenta las líneas dentro del archivo con los datos
495  if ($result1=$linea=~/$string1/)
496  {
497  $b=$i;
498  }
```

```perl
499    if ($result2=$linea=~/$string2/)
500    {
501       $k++;                        #bandera indicando que ha encontrado string2
502    }
503    if ($i-$b>2 && $k==2)
504      {
505    @array=split(" ",$linea);
506    for ($a=0;$a<1;$a++)
507    {
508    $caja[$j]=$array[$a];
509    $linename[$j]=$array[$a+2];
510       $point[$j]=$array[$a+3];
511       $dist_box[$j]=$array[$a+9];
512       $noise_box[$j]=$array[$a+10];
513       $cmr_box[$j]=$array[$a+11];
514       $gain_box[$j]=$array[$a+12];
515       $phase_box[$j]=$array[$a+13];
516       $xtalk_box[$j]=$array[$a+14];
517       $month[$j]=$array[$a+15];
518       $array[$a+16]=~s/\,//; #elimina la coma del día
519       $day[$j]=$array[$a+16];
520    $year[$j]=$array[$a+17];
521    $hour[$j]=$array[$a+18];
522    $j++;
523    }
524      }
525    $percent_done=sprintf "%.0f",($i/$lf)*100;
526    $percent=$percent_done . "%";
527    $linea=<box>;
528    }
529    #
530    $salida1=salvar1($top);
531    $salida2=salvar2($top);
532    $salida3=salvar3($top);
```

```perl
533   # Se crea archivo con lo extraido del archivo geo
534   open (salida,'>' . $salida1); #todos los elementos de la prueba
535   open (malas,'>' . $salida2); #todos los elementos de la prueba
536   open (real_malas,'>' . $salida3);
537   print salida "Box\tLine\tPoint\tDist\tNoise\tCMRR\tGain\tPhase\tXtalk\
      tMonth\tDay\tYear\tHour\n";
538   print malas "Box\tLine\tPoint\tValue\tTest\n";
539   $texto->insert('end',"Resume of boxes out of specifications:\n");
540   $texto->insert('end',"Dist\tNoise\tCMRR\tGain\tPhase\tXtalk\n");
541   foreach (@caja)
542   {
543     $aviso="Writing Results Files...";
544     $nad=$dist_box[$n] eq $noapli;   #verifica que un valor de distorsión es N/A
545     $nan=$noise_box[$n] eq $noapli;  #verifica que un valor de noise es N/A
546     $nac=$cmr_box[$n] eq $noapli;    #verifica que un valor de cmr es N/A
547     $nag=$gain_box[$n] eq $noapli;   #verifica que un valor de gain es N/A
548     $nap=$phase_box[$n] eq $noapli;  #verifica que un valor de phase es N/A
549     $nax=$xtalk_box[$n] eq $noapli;  #verifica que un valor de xtalk es N/A
550
551     print salida "$caja[$n]\t$linename[$n]\t$point[$n]\t$dist_box[$n]\t$noise_
      box[$n]\t$cmr_box[$n]\t$gain_box[$n]\t$phase_box[$n]\t$xtalk_box[$n]\
      t$month[$n]\t$day[$n]\t$year[$n]\t$hour[$n] \n";
552   #Rutina para prueba de distorsion
553     if ($nad!=1)
554     {
555       if ($dist_box[$n]>$dist)
556         {
557         $aviso="Distortion";
558         $maldis++;
559         $pointdis[$maldis-1]=$linename[$n].$point[$n];
560         $punto_pegado=$linename[$n] . $point[$n];
561         $really_bad{$punto_pegado}=$really_bad{$punto_pegado} . "-" . $aviso;
562         print malas "$caja[$n]\t$linename[$n]\t$point[$n]\t$dist_box[$n]\
      tDistortion \n";
```

```
563        }
564      }
565    else
566    {
567      $noseaplicopruebadis++;
568    }
569  #Fin de rutina de distorsion
570  #Rutina para determinar ristras malas por noise
571    if ($nan!=1)
572    {
573      if ($noise_box[$n]>$noise)
574        {
575        $aviso="Noise";
576        $malnoiseinst++;
577        $pointnoiseinst[$malnoiseinst-1]=$linename[$n].$point[$n];
578        $punto_pegado=$linename[$n] . $point[$n];
579        $really_bad{$punto_pegado}=$really_bad{$punto_pegado} . "-" . $aviso;
          print malas "$caja[$n]\t$linename[$n]\t$point[$n]\t$noise_box[$n]\tNoise
580  \n";
581        }
582      }
583    else
584    {
585      $noseaplicopruebanoiseinst++;
586    }
587  #Fin de rutina de Noise
588  #Rutina para determinar cajas malas por cmrr
589    if ($nac!=1)
590    {
591      if ($cmr_box[$n]<$cmr)
592        {
593        $aviso="CMRR";
594        $malcmr++;
595        $pointcmr[$malcmr-1]=$linename[$n].$point[$n];
```

```
596   $punto_pegado=$linename[$n] . $point[$n];
597   $really_bad{$punto_pegado}=$really_bad{$punto_pegado} . "-" . $aviso;
      print malas "$caja[$n]\t$linename[$n]\t$point[$n]\t$cmr_box[$n]\
598 tCMRR \n";
599     }
600   }
601   else
602   {
603    $noseaplicopruebacmr++;
604   }
605 #Fin de rutina de cmr
606 #Rutina para determinar ristras malas por gain
607  if ($nag!=1)
608  {
609   if ($gain_box[$n]>$gain)
610     {
611     $aviso="Gain";
612     $malgain++;
613     $pointgain[$malgain-1]=$linename[$n].$point[$n];
614     $punto_pegado=$linename[$n] . $point[$n];
615     $really_bad{$punto_pegado}=$really_bad{$punto_pegado} . "-" . $aviso;
      print malas "$caja[$n]\t$linename[$n]\t$point[$n]\t$gain_box[$n]\tGain
616 \n";
617     }
618   }
619   else
620   {
621    $noseaplicopruebagain++;
622   }
623 #Fin de rutina de gain
624
625 #Rutina para determinar ristras malas por phase
626  if ($nap!=1)
627  {
628   if ($phase_box[$n]>$phase)
```

```
629     {
630       $aviso="Phase";
631       $malphase++;
632       $pointphase[$malphase-1]=$linename[$n].$point[$n];
633       $punto_pegado=$linename[$n] . $point[$n];
634       $really_bad{$punto_pegado}=$really_bad{$punto_pegado} . "-" . $aviso;
          print malas "$caja[$n]\t$linename[$n]\t$point[$n]\t$phase_box[$n]\
635   tPhase \n";
636       }
637     }
638     else
639     {
640       $noseaplicopruebaphase++;
641     }
642   #Fin de rutina de phase
643   #Rutina para determinar ristras malas por xtalk
644     if ($nax!=1)
645     {
646       if ($xtalk_box[$n]<$xtalk)
647       {
648       $aviso="Xtalk";
649       $malxtalk++;
650       $pointxtalk[$malxtalk-1]=$linename[$n].$point[$n];
651       $punto_pegado=$linename[$n] . $point[$n];
652       $really_bad{$punto_pegado}=$really_bad{$punto_pegado} . "-" . $aviso;
          print malas "$caja[$n]\t$linename[$n]\t$point[$n]\t$xtalk_box[$n]\tXtalk
653   \n";
654       }
655     }
656     else
657     {
658       $noseaplicopruebaxtalk++;
659     }
660   #Fin de rutina de xtalk
661     $n++;
```

```perl
662  }
663  $length=@caja;
664
665  $texto->insert('end', "$maldis\t$malnoiseinst\t$malcmr\t$malgain\
     t$malphase\t$malxtalk \n");
666  $texto->insert('end', "Distortion Test was not applied at $noseaplicopruebadis
     channels \n");
667  $texto->insert('end', "Noise Test was not applied at $noseaplicopruebanoiseinst
     channels \n");
668  $texto->insert('end', "CMRR Test was not applied at $noseaplicopruebacmr
     channels \n");
669  $texto->insert('end', "Gain Test was not applied at $noseaplicopruebagain
     channels \n");
670  $texto->insert('end', "Phase Test was not applied at $noseaplicopruebaphase
     channels \n");
671  $texto->insert('end', "Xtalk Test was not applied at $noseaplicopruebaxtalk
     channels \n");
672  $texto->insert('end', "$length channels were checked\n");
673  $aviso="Ready for another test";
674  close(salida);
675  close(malas);
676  close(box);
677  @re_bad=keys(%really_bad);
678  @re_bad_test=values(%really_bad);
679  $length=@re_bad;
680  $texto->insert('end',"There are $length channels out of specifications\n");
681  print real_malas "Point\tTests\n";
682  foreach (@re_bad) {
683    print real_malas "$re_bad[$rb]\t$re_bad_test[$rb]\n";
684    $rb++;
685  }
686  close(real_malas);
687  #print "@sortpointres";
688  $onoffg=0;
689  $onoffb=0;
690  } #Fin de rutina de chequeo de las cajas
```

```
691
692   # Rutinas generales
693   sub abrir{ #Con esta rutina se abre el archivo que contiene la prueba realizada
694   my $plan;
695     my @types =
696         ([$file, ['*.gep','*.txt','*.box']],
697          ["All files", '*.*']);
698

          $plan=Tkx::tk___getOpenFile(-filetypes => \@types,-title =>$mensaje_geo1,-
699   defaultextension=>$ext);
700   #    print "$plan \n";
701   $texto->insert('end',"Testing File:\n");
702   $texto->insert('end',"$plan\n");
703   return "$plan";
704   }
705

      #Esta rutina carga un archivo con parametros de corte para prueba de
706   geofonos
707   sub carga_geo_pam {
708   open (filecute,">filecute.txt");
709   $i=0;
710     my @types =
711        ( ["Test files",   ['*.gep','*.txt']],
712          ["All files",    '*.*']);
713

          $file_cute=Tkx::tk___getOpenFile(-filetypes => \@types,-title =>"Geophone
714   Test Parameters",-defaultextension=>'geo');
715

          print filecute "$file_cute";
716
717   close(filecute);
718   #$archivos->insert('end',"Geophone Parameters File:\n");
719   $texto->insert('end',"Geophone Parameters File:\n");
720   #$archivos->insert('end',"$file_cute\n");
721   $texto->insert('end',"$file_cute\n");
722   open(geo_pam,$file_cute)||die ("Could not open file \n");
```

```
723
724   $linea=<geo_pam>;
725
726   #Lee archivo cute y asigna valores a los text boxes
727   while ($linea)
728   {
729    if ($i==0) {
730     @array=split(" ",$linea);
731     $li=$array[1];
732     $ls=$array[2];
733    }
734
735    if ($i==1) {
736     @array=split(" ",$linea);
737     $ll=$array[1];
738    }
739
740    if ($i==2) {
741     @array=split(" ",$linea);
742     $lt=$array[1];
743    }
744
745    if ($i==3) {
746     @array=split(" ",$linea);
747     $ln=$array[1];
748    }
749
750    $i++;
751
752    $linea=<geo_pam>;
753
754   }
755   #$answer_value->insert('0', $ans);
756   &geoparnew;
```

```perl
757   $lim_inf->insert('0', $li);
758   $lim_sup->insert('0', $ls);
759   $lim_leak->insert('0', $ll);
760   $lim_tilt->insert('0', $lt);
761   $lim_noise->insert('0', $ln);
762   close (geo_pam);
763   }
764
765   sub geoparnew {
766
767   $lim_inf->delete(0,4);
768   $lim_sup->delete(0,4);
769   $lim_leak->delete(0,4);
770   $lim_tilt->delete(0,4);
771   $lim_noise->delete(0,4);
772   }
773
774   sub save_reporte {
775   $mensaje_geo2="Start Test Report";
776   $mensaje5="A copy of this report has been save in:\n";
777   $reponame=salvar1($top);
778   $archivos->Save($reponame);
779   }
780   sub salvar1{
781   my $resumen;
782      my @types =
783          ( ["Text files", '*.txt'],
784            ["All files",    "*.*"]);
785
786      $resumen = Tkx::tk___getSaveFile(-filetypes => \@types,-title =>$mensaje_
      geo2,-defaultextension=>'txt');
787      $texto->insert('end',$mensaje5);
788      $texto->insert('end',"$resumen\n");
789      return "$resumen";
790   }
```

```perl
791   sub salvar2{
792   my $resumen2;
793     my @types =
794         ( ["Text files", '*.txt'],
795          ["All files",    '*.*']);
796
      $resumen2 = Tkx::tk___getSaveFile(-filetypes => \@types,-title =>$mensaje_
797   geo3,-defaultextension=>'txt');
798   #   print "$resumen \n";
799     $texto->insert('end',"Bad geophones information saved as:\n");
800     $texto->insert('end',"$resumen2\n");
801     return "$resumen2";
802   }
803
804   sub salvar3{
805   my $resumen3;
806     my @types =
807         ( ["Text files", '*.txt'],
808          ["All files",    '*.*']);
809
      $resumen3 =Tkx::tk___getSaveFile(-filetypes => \@types,-title =>$mensaje_
810   geo4,-defaultextension=>'txt');
811   #   print "$resumen \n";
812     $texto->insert('end',"Resume of bad geophones saved as:\n");
813     $texto->insert('end',"$resumen3\n");
814     return "$resumen3";
815   }
816   sub saveas {
817   $l_inf_res=$lim_inf->get;
818   $l_sup_res=$lim_sup->get;
819   $l_leak=$lim_leak->get;
820   $l_tilt=$lim_tilt->get;
821   $l_noise=$lim_noise->get;
822   my $newfile;
823     my @types =
```

```
824        (["GeoPar Files", '*.gep']);
825
826    $newfile = Tkx::tk___getSaveFile(-filetypes => \@types,-title =>'Geophone
       Parameters File',-defaultextension=>'gep');
827    #   print "$resumen \n";
828    $texto->insert('end',"Geophone Parameters File:\n");
829        $texto->insert('end',"$newfile\n");
830    open (param,'>' . $newfile); #todos los elementos de la prueba
831    print param "Res\t$l_inf_res\t$l_sup_res\n";
832    print param "Leak\t$l_leak\n";
833    print param "Tilt\t$l_tilt\n";
834    print param "Noise\t$l_noise";
835    $file_cute=$newfile;
836    close (param);
837    open (filecute,'>' . "filecute.txt");
838    print filecute "$file_cute";
839    close (filecute);
840    }
841
842
843    sub carga_automatica_geo_pam {
844    open (filecute,"filecute.txt");
845    $linea=<filecute>;
846    while ($linea) {
847    $file_cute=$linea;
848    $linea=<filecute>;
849    }
850    close(filecute);
851    open(geo_pam,$file_cute)||die ("Could not open file \n");
852    $linea=<geo_pam>;
853    $texto->insert('end',"Last Geophone Parameters File Used:\n");
854    $texto->insert('end',"$file_cute\n");
855    #Lee archivo cute y asigna valores a los text boxes
856    while ($linea)
857    {
```

```
858    if ($i==0) {
859      @array=split(" ",$linea);
860      $li=$array[1];
861      $ls=$array[2];
862    }
863
864    if ($i==1) {
865      @array=split(" ",$linea);
866      $ll=$array[1];
867    }
868
869    if ($i==2) {
870      @array=split(" ",$linea);
871      $lt=$array[1];
872    }
873
874    if ($i==3) {
875      @array=split(" ",$linea);
876      $ln=$array[1];
877    }
878
879    $i++;
880
881    $linea=<geo_pam>;
882
883    }
884    &geoparnew;
885    $lim_inf->insert('0', $li);
886    $lim_sup->insert('0', $ls);
887    $lim_leak->insert('0', $ll);
888    $lim_tilt->insert('0', $lt);
889    $lim_noise->insert('0', $ln);
890    close (geo_pam);
891    }
```

```perl
892
893
894    sub save {
895    open (filec,'>' . $file_cute);
896    $l_inf_res=$lim_inf->get;
897    $l_sup_res=$lim_sup->get;
898    $l_leak=$lim_leak->get;
899    $l_tilt=$lim_tilt->get;
900    $l_noise=$lim_noise->get;
901    print filec "Res\t$l_inf_res\t$l_sup_res\n";
902    print filec "Leak\t$l_leak\n";
903    print filec "Tilt\t$l_tilt\n";
904    print filec "Noise\t$l_noise";
905    close (filec);
906    }
907
908    sub etiquetas_equipo {
909      #Botón de update de configuración de SU6-R o FDU
       $up_param_box=$top->new_button(-text=>'Update',-command=>sub{&ok_
910    equipo});
911      $up_param_box->g_place(-x=>660,-y=>30,-width=>90);
912
913      $etiqueta_sr=$top->new_label(-text=>"Sample Rate");
914      $etiqueta_sr->g_place(-x=>80,-y=>35);
915
916      $etiqueta_gain=$top->new_label(-text=>"Gain");
917      $etiqueta_gain->g_place(-x=>620,-y=>35);
918      return;
919    }
920
921    sub ok_equipo {
922    $cFDU="FDU" eq $equipo;
923    $cSU6="SU6-R" eq $equipo;
924    if ($cFDU==1) {
925    $csr1=0;
```

```
926    $cga1=0;
927    $csr1="0.25ms" eq $sample;
928    $cga1="0dB" eq $gain_equip;
929    $cga2="12dB" eq $gain_equip;
930    $csr2="0.50ms" eq $sample;
931    $csr3="1.00ms" eq $sample;
932    $csr4="2.00ms" eq $sample;
933    $csr5="4.00ms" eq $sample;
934    $dist=-103;
935    $cmr=100;
936    $xtalk=110;
937    if ($csr1==1 && $cga1==1)
938    {
939      $gain=3;
940      $phase=30;
941      $noise=16;
942    }
943    if ($csr1==1 && $cga2==1)
944    {
945      $gain=3;
946      $phase=30;
947      $noise=4;
948    }
949
950    if ($csr2==1 && $cga1==1)
951    {
952      $gain=1.5;
953      $phase=25;
954      $noise=2;
955    }
956    if ($csr2==1 && $cga2==1)
957    {
958      $gain=1.5;
959      $phase=25;
```

```
960    $noise=0.5;
961    }
962
963    if ($csr3==1 && $cga1==1)
964    {
965      $gain=1;
966      $phase=20;
967      $noise=1.4;
968    }
969    if ($csr3==1 && $cga2==1)
970    {
971      $gain=1;
972      $phase=20;
973      $noise=0.35;
974    }
975
976    if ($csr4==1 && $cga1==1)
977    {
978      $gain=1;
979      $phase=20;
980      $noise=1;
981    }
982    if ($csr4==1 && $cga2==1)
983    {
984      $gain=1;
985      $phase=20;
986      $noise=0.25;
987    }
988
989    if ($csr5==1 && $cga1==1)
990    {
991      $gain=1;
992      $phase=20;
993      $noise=0.7;
```

```
994   }
995   if ($csr5==1 && $cga2==1)
996   {
997     $gain=1;
998     $phase=20;
999     $noise=0.18;
1000  }
1001  } #Fin de pregunta si se trata de FDU
1002
1003  if ($cSU6==1) {
1004  $csr1="1.00ms" eq $sample;
1005  $csr2="2.00ms" eq $sample;
1006  $csr3="4.00ms" eq $sample;
1007  $cga1="24dB" eq $gain_equip;
1008  $cga2="36dB" eq $gain_equip;
1009  $cga3="42dB" eq $gain_equip;
1010  $cga4="48dB" eq $gain_equip;
1011  $dist=-96;
1012  $gain=3;
1013  $phase=20;
1014  $xtalk=95;
1015  if ($csr1==1 && $cga1==1)
1016  {
1017    $cmr=83;
1018    $noise=0.73;
1019  }
1020  if ($csr1==1 && $cga2==1)
1021  {
1022    $cmr=95;
1023    $noise=0.27;
1024  }
1025  if ($csr1==1 && $cga3==1)
1026  {
1027    $cmr=101;
```

```
1028    $noise=0.22;
1029  }
1030  if ($csr1==1 && $cga4==1)
1031  {
1032    $cmr=107;
1033    $noise=0.20;
1034  }
1035
1036  if ($csr2==1 && $cga1==1)
1037  {
1038    $cmr=83;
1039    $noise=0.52;
1040  }
1041  if ($csr2==1 && $cga2==1)
1042  {
1043    $cmr=95;
1044    $noise=0.19;
1045  }
1046  if ($csr2==1 && $cga3==1)
1047  {
1048    $cmr=101;
1049    $noise=0.16;
1050  }
1051  if ($csr2==1 && $cga4==1)
1052  {
1053    $cmr=107;
1054    $noise=0.15;
1055  }
1056
1057  if ($csr3==1 && $cga1==1)
1058  {
1059    $cmr=83;
1060    $noise=0.37;
1061  }
```

```
1062   if ($csr3==1 && $cga2==1)
1063   {
1064      $cmr=95;
1065      $noise=0.14;
1066   }
1067   if ($csr3==1 && $cga3==1)
1068   {
1069      $cmr=101;
1070      $noise=0.11;
1071   }
1072   if ($csr3==1 && $cga4==1)
1073   {
1074      $cmr=107;
1075      $noise=0.10;
1076   }
1077   } #Fin de pregunta si se trata de SU6-R
1078
1079   } #Fin de sub ok_equipo
1080
1081   sub ayuda {
1082
1083   }
```

La figura siguiente muestra como luce la aplicación, una vez ejecutado el script.

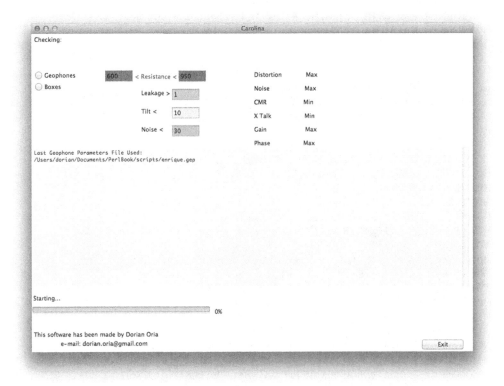

**Figura A1.6.** Programa Carolina, diseñado para revisar las
pruebas de geófonos y FDU's del Sercel™ 408.

## A1.2 Adquisición de datos sísmicos marinos

En este tipo de proyecto también se genera un montón de información. En este caso, nos centraremos en un archivo que se genera con información del sistema de navegación: P1/90.

### A1.2.1 Archivos P1/90.

Este formato es usado para almacenar información de navegación en proveniente de proyectos sísmicos marinos. Para más detalles acerca de este formato por favor consulte: http://www.seg.org/publications/tech-stand/ukooa_p1_90.pdf.

A continuación se muestran las primeras líneas de un archivo con formato P1/90:

```
H0100SURVEY AREA          Four Streamer two Source 3D, Caracas 2
H0101GENERAL SURVEY DETAILS    4 CABLE, 1 VESSEL, 2 SOURCES
H0102VESSEL DETAILS       Dorian_1        1
H0103SOURCE DETAILS       G1              1  1
H0103SOURCE DETAILS       G2              1  2
H0104STREAMER DETAILS     Streamer_001         1    1  1
H0104STREAMER DETAILS     Streamer_002         1    2  2
H0104STREAMER DETAILS     Streamer_003         1    3  3
H0104STREAMER DETAILS     Streamer_004         1    4  4
H0105OTHER DETAILS        N/A
H0200SURVEY DATE          20071008
H0201TAPE DATE            TUE NOV 27 05:04:17 2007
H0202TAPE VERSION         UK00A P1/90
H0203LINE PREFIX          CII
H0300CLIENT          Carolina
H0400GEOPHYSICAL CONTRACTOR    Dorian
H0500POSITIONING CONTRACTOR    Dorian
H0600POSITIONING PROCESSING
H0700POSITIONING SYSTEM     Spectra Version 10.9.01
H0800SHOTPOINT POSITION     CENTRE OF SOURCE
H0900OFFSET SHIP SYSTEM TO SP   1  2  0.00   0.00
H0901OFFSET ANTENNA TO SYSTEM   1  2  0.00   0.00
H1000CLOCK TIME           GMT 0.000000
H1100RECEIVER GROUPS PER SHOT  1920
H1400GEODETIC DATUM AS SURVEYED WGS-84    WGS-84    6378137.000 298.2572236
H1401TRANSFORMATION TO WGS-84    0.0  0.0  0.0 0.000 0.000 0.000 0.0000000
H1500GEODETIC DATUM AS PLOTTED WGS-84    WGS-84    6378137.000 298.2572236
H1501TRANSFORMATION TO WGS-84    0.0  0.0  0.0 0.000 0.000 0.000 0.0000000
H1600DATUM SHIFTS H1400-H1500   -0.0 -0.0 -0.0-0.000-0.000-0.000-0.0000000
H1700VERTICAL DATUM       Sea Level        ECHOSOUNDER
H2600None R-/E-record depth populated from Echo1_V1
H1800PROJECTION TYPE        003 TRANSVERSE MERCATOR (NORTH)
H2000GRID UNITS           1METRES        1.000000000000
H2001HEIGHT UNITS         1METRES        1.000000000000
H2002ANGULAR UNITS        1DEGREES
H2200CENTRAL MERIDIAN       69 0 0.000W
H2301GRID ORIGIN (LAT,LONG)     0 0 0.000N 69 0 0.000W
H2302GRID ORIGIN (EAST,NORTH)   500000.00E     0.00N
H2401SCALE FACTOR         0.9996000000
H2402SCALE FACTOR (LONG)          69 0 0.000W
H2600Source Id of 0 indicates non standard gun fire
H2600Z-records contain individual source positions
H2600Line CII07E1037P1001       From Shot 1004 To Shot 1920
H2600Streamer_001 Model Line CII07E1037P1001 shots 1004 to 1920: Arc
H2600Streamer_002 Model Line CII07E1037P1001 shots 1004 to 1920: Arc
H2600Streamer_003 Model Line CII07E1037P1001 shots 1004 to 1920: Arc
H2600Streamer_004 Model Line CII07E1037P1001 shots 1004 to 1920: Arc
```

```
V07E1037P1001  1    100412 7 3.03N 704045.03W 317262.11340109.9 54.7288111545
E07E1037P1001  1 1  100412 7 2.88N 704045.08W 317260.51340105.1 54.7288111545
Z07E1037P1001  11   100412 656.91N 704046.70W 317210.51339922.1 54.7288111545
Z07E1037P1001  12   100412 657.28N 704047.97W 317172.11339933.7 54.7288111545
S07E1037P1001  12   100412 657.28N 704047.97W 317172.11339933.7 54.7288111545
C07E1037P1001  121  100412 654.19N 704046.07W 317228.91339838.4 54.7288111545
C07E1037P1001  122  100412 654.86N 704047.50W 317185.71339859.1 54.7288111545
C07E1037P1001  123  100412 655.37N 704048.95W 317142.01339875.2 54.7288111545
C07E1037P1001  124  100412 655.80N 704050.48W 317095.81339888.6 54.7288111545
T07E1037P1001  1 1  100412 338.41N 704139.40W 315579.21333832.1 54.7288111545
T07E1037P1001  1 2  100412 340.62N 704143.57W 315453.41333900.8 54.7288111545
T07E1037P1001  1 3  100412 342.76N 704149.08W 315287.21333967.7 54.7288111545
T07E1037P1001  1 4  100412 342.83N 704152.59W 315180.91333970.6 54.7288111545
R  1 317285.81339743.0 7.1   2 317281.91339731.1 7.1   3 317278.01339719.3 7.11
R  4 317274.11339707.4 7.1   5 317270.21339695.5 7.1   6 317266.41339683.6 7.11
R  7 317262.51339671.7 7.1   8 317258.71339659.8 7.1   9 317254.81339647.9 7.11
```

**Figura A1.7.** Ejemplo de archivo P1/90.

Imagine por un momento que queremos crear un mapa para mostrar las coordenadas de cada punto de tiro. El siguiente script toma todos los archivos P1/90 de un proyecto y extrae las coordenadas de cada punto de tiro y las escribe en un nuevo archivo. Este archivo contendrá toda la información necesaria para hacer el mapa.

*Script A1.2*

```
1    $sourceLetter="S";
2    $files='E:\directory\NavigationFiles\files.txt';
3    $output='E:\directory\NavigationFiles\output-2.txt';
4    open (FILES,$files);
5    open (OUT,'>'.$output);
6    $linea=<FILES>;
7    while ($linea) {
8      chomp $linea;
9      open (IN,$linea);
10     $LINEA=<IN>;
11     while ($LINEA) {
12       $firstCharLine=substr($LINEA,0,1);
13       $resultado=$firstCharLine eq $sourceLetter;
14       if ($resultado==1)
15       {
16         $ShotName=substr($LINEA,0,13);
```

```
17      $tipo=substr($LINEA,8,1);
18      $este=substr($LINEA,47,8);
19      $norte=substr($LINEA,55,9);
20      print OUT "$ShotName\t$tipo\t$este\t$norte\n";
21    }
22    $LINEA=<IN>;
23  }
24  close IN;
25  $linea=<FILES>;
26 }
27 close FILES;
28 close OUT;
```

En el archivo P1/90, la coordenada de las fuentes están en la línea que comienza con la letra "S" (resaltada en amarillo en la figura A1.7) Así, en la primera línea del script tenemos una variable que usaremos para designar el carácter que buscaremos como patrón ($sourceLetter)

La segunda línea es el nombre de la variable que contiene la ruta del archivo que a su vez contiene la lista de los archivos P1/90 a ser procesados. La figura A1.8 muestra un ejemplo de cómo luce este archivo.

En la tercera línea tenemos el nombre de la variable para el archivo de salida (incluyendo la ruta completa)

En la cuarta línea abrimos el archivo de entrada en modo lectura.

En la quinta línea abrimos el archivo de salida en modo escritura.

En la sexta línea, la variable $linea toma el valor de cada línea del archivo de entrada.

Entre las líneas 7 y 26 es leído el archivo de entrada.

En la línea 8, la instrucción **chomp** elimina el carácter de nueva línea ("\n") de cada línea del archivo de entrada.

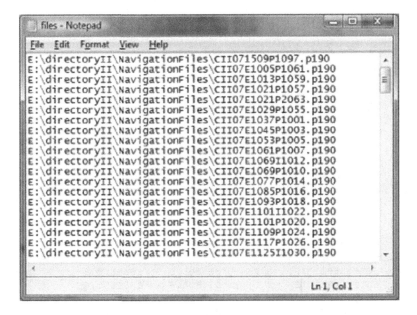

**Figura A1.8.** Lista de archivos P1/90.

Debido a que el archivo de entrada contiene una lista de archivos P1/90 a ser procesados, cada valor tomado por la variable $linea es el nombre de un archivo P1/90. Entre las línea 11 y 23 tenemos otro ciclo **while** que lee los archivos P1/90.

En la línea 12, después de haber leído cada línea del archivo P1/90, se extrae el primer carácter a la línea y es almacenado en la variable $firstCharLine.

En la línea 13 comparamos la variable $firstCharLine con la variable $sourceLetter (línea 1) El resultado de esta comparación es almacenado en la variable $resultado. Si el valor de ambas variables es el mismo, la variable $resultado toma el valor 1, lo cual significa que se encontró la línea que contiene las coordenadas de la fuente. En este caso, son ejecutadas las instrucciones que están entre las líneas 16 y 20. En la línea 20 se escriben los valores en el archivo de salida. La figura A1.9 es un ejemplo del archivo de salida. Tal como puede verse, el archivo tiene 4 columnas (véase línea 20 del script) La primera es el nombre del disparo. La segunda indica si la línea es *prime* o *infill*. La tercera y cuarta columnas corresponden a las coordenadas este y norte. Cuando la información es graficada en un software como por ejemplo MapWindowGIS™, el mapa luce como se muestra en la figura A1.10.

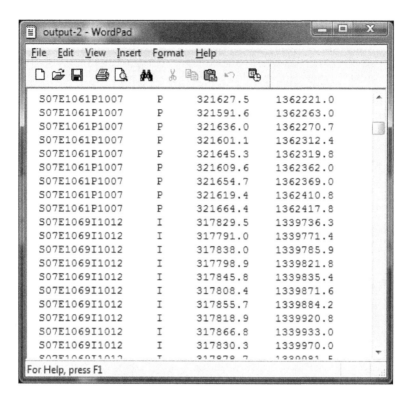

**Figura A1.9.** Salida del script A1.2.

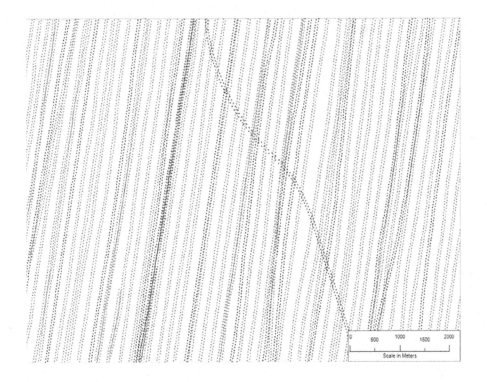

**Figura A1.10.** Mapa de puntos de tiro.

El siguiente script extrae de un archivo P1/90 las coordenadas y la profundidad del canal 30 de cada *streamer* (en el proyecto se usaron 4 *streamers* y un total de 1920 canales) Debido a que los canales están numerados del 1 al 1920, el canal 30 en el *streamer* 1 es el 30, pero en el *streamer* 2 es el 510; en el *streamer* 3 es el 990 y en *streamer* 4 es el 1470.

*Script A1.3*

```
1   $file='E:\Cardamomo\NavigationFiles\CII071509P1097.p190';
2   $output='E:\ Cardamomo\NavigationFiles\CII071509P1097.channels';
3   $letraReceiver="R";
4   open (FILES,$file);
5   open (OUT,'>'.$output);
6   print OUT "Channel\tEast\tNorth\tDepth\n";
7   $linea=<FILES>;
8   while ($linea) {
9     chomp $linea;
10    $firstCharLine=substr($linea,0,1);
```

```
11   $resultado=$firstCharLine eq $letraReceiver;
12   if ($resultado==1)
13   {
14    $channel=substr($linea,53,4);
15    $eastCoord=substr($linea,58,8);
16    $northCoord=substr($linea,66,9);
17    $depth=substr($linea,76,3);
18    if ($channel==30) {
19      print OUT "C30\t$eastCoord\t$northCoord\t$depth\n";
20    }
21    if ($channel==510) {
22      print OUT "C510\t$eastCoord\t$northCoord\t$depth\n";
23    }
24    if ($channel==990) {
25      print OUT "C990\t$eastCoord\t$northCoord\t$depth\n";
26    }
27    if ($channel==1470) {
28      print OUT "C1470\t$eastCoord\t$northCoord\t$depth\n";
29    }
30    }
31    $linea=<FILES>;
32   }
33   close FILES;
34   close OUT;
```

En la línea la variable $file contiene la ruta completa del archivo de entrada.

En la segunda línea, la variable $output contiene la ruta completa del archivo de salida.

En el archivo P1/90, la información de los receptores (*channels*) está contenida en cada línea que comienza con la letra "R" La línea 3 contiene la variable que almacena el valor "R". Este es el valor que usaremos como patrón de búsqueda dentro del P1/90.

En la línea 4 abrimos el archivo de entrada en modo lectura.

En la línea 5 abrimos el archivo de salida en modo escritura.

En la línea 6 el script escribe en el archivo de salida una línea que contiene los títulos de cada columna de datos que extraeremos del archivo P1/90.

En la línea 7 asignamos cada línea del archivo de entrada a la variable $linea.

En la línea 8 comienza el ciclo que lee el archivo de entrada.

En la línea 9, la instrucción **chomp** elimina el carácter de nueva línea ("\n") del final de cada línea.

En la línea 10, extraemos el primer carácter de cada línea y lo almacenamos en la variable $firstCharLine.

En la línea 11 hacemos la comparación entre $firstCharLine y la variable $letraReceiver (declarada en la línea 3. El resultado de esta comparación se almacena en la variable $resultado. Si $resultado es igual a 1 (línea 12) significa que él se encontró la letra "R" y que se está leyendo la línea con la información de los receptores.

La línea 14 contiene la variable con el valor del canal. El canal 30 de cada *streamer* (30, 510, 990 y 1470) está en el mismo rango de caracteres dentro del archivo P1/90. Sucede lo mismo para el resto de la información: coordenadas y profundidad (líneas 15 a la 17) Si el número del canal es 30 (línea 18), el script escribe en el archivo de salida el número del canal, las coordenadas y la profundidad. Esta operación se repite para los otros casos: canal 510 (línea 21), canal 990 (línea 24) y canal 1470 (línea 27)

Como puedo haber notado, entre las líneas 15 y 17 se está extrayendo de cada línea las cadenas que contienen coordenadas y profundidad, sin importar el número del canal. Estrictamente hablando, podríamos optimizar el código si hacemos esto siempre que se cumplan las condiciones que estamos exigiendo, es decir, que se trate del canal 30 o su equivalente en cada *streamer*. Por ejemplo:

```perl
1   if ($channel==30) {
2       $eastCoord=substr($linea,58,8);
3       $northCoord=substr($linea,66,9);
4       $depth=substr($linea,76,3);
5       print OUT "C30\t$eastCoord\t$northCoord\t$depth\n";
6   }
```

Puede ver la diferencia? En este caso tendría más líneas, pero el proceso de extraer los valores de interés sólo efectuaría en caso de que el número del canal sea el que estamos buscando. En el script anterior esta operación es hecha cada vez, sin importar el canal de interés.

# Anexo 2
# Archivos SEG-D

## A2.1 Archivos SEG-D

El formato SEG-D está (o fue) diseñado para ser un formato de adquisición de datos sísmicos y contiene un montón de información específicamente orientada a los sistemas de adquisición. Este formato estandariza información que no está presente en el formato SEG-Y.

A continuación se muestra un script que permite leer de un archivo SEG-D varias variables, como el número del archivo (*file*), día juliano, coordenadas de la fuente, elevación de la fuente, entre otras.

En la versión de Perl que usé para ejecutar este script (ActivePerl-5.16), el módulo BaseCnv que se invoca en la línea 2 del script no estaba disponible. Intenté instalarlo usando la aplicación Perl Package Manager (PPM) pero no estaba disponible. Para resolver esto, busqué el módulo en el repositorio CPAN ([http://cpansearch.perl.org/src/](http://cpansearch.perl.org/src/) [PIP/Math-BaseCnv-1.4.75O6Pbr/BaseCnv.pm](http://cpansearch.perl.org/src/PIP/Math-BaseCnv-1.4.75O6Pbr/BaseCnv.pm)) Copié el código fuente y lo pegué en un editor de texto. Guardé el archivo y luego lo moví a la dirección /usr/local/ActivePerl-5.16/lib/Math (esta dirección es la misma para Unix y Linux) En Windows debe ser: C:\ Perl\lib\Math.

*Script A2.1*

```
1    use File::stat;
2    use Math::BaseCnv;
3    $InputFile='00004229.segd';
4    $OutputFile='00004229.txt';
5    $suma=0;
6    $suma2=0;
7    $suma3=0;
8    &calcula_size_traza;
9    $SizeRecord=stat($InputFile)->size;
10
11   open (IN,$InputFile);
12   binmode(IN);
13   open (OUT,'>'.$OutputFile);
14   while (read (IN,$buf,$SizeRecord)) {
15   #Determina el file number
```

```
16   $GH1FN=unpack(H,substr($buf,0,1)).unpack(h,substr($buf,0,1)).
     unpack(H,substr($buf,0+1,1)).unpack(h,substr($buf,0+1,1));#las siglas significan
     General Header 1, file number

17   #Fin del file number

18   #Julian day

19   $GH1JD=unpack(h,substr($buf,11,1)).unpack(H,substr($buf,12,1)).
     unpack(h,substr($buf,12,1));

20   #Fin de Julian day

21   #Hora

22   $GH1Time=unpack(H,substr($buf,13,1)).unpack(h,substr($buf,13,1)).":".
     unpack(H,substr($buf,14,1)).unpack(h,substr($buf,14,1)).":".
     unpack(H,substr($buf,15,1)).unpack(h,substr($buf,15,1));

23   #Fin de hora

24   #Bytes per scan

25   $GH1BPS=unpack(H,substr($buf,19,1)).unpack(h,substr($buf,19,1)).
     unpack(H,substr($buf,20,1)).unpack(h,substr($buf,20,1)).
     unpack(H,substr($buf,21,1)).unpack(h,substr($buf,21,1));

26   #Fin de Bytes per scan

27   #Record Type

28   $GH1RType=unpack("B4",substr($buf,25,1));

29   #Fin de record type

30   #Longitud del registro

31   $GH1RL=unpack(h,substr($buf,25,1)).unpack(H,substr($buf,26,1)).".".unpack(
     h,substr($buf,26,1));

32   $GH1RL=$GH1RL*1.024;

33   #Fin de longitud del registro

34   #SCan types per record

35   $GH1STPR=unpack(H,substr($buf,27,1)).unpack(h,substr($buf,27,1));

36   #Fin de SCan types per record

37   #Channels per scan type

38   $GH1CPST=unpack(H,substr($buf,28,1)).unpack(h,substr($buf,28,1));

39   #Fin de Channels per scan type
```

```
40   #Extended header blocks
41   $GH1ExtendedH=unpack(H,substr($buf,30,1)).unpack(h,substr($buf,30,1));
42   #Fin de Extended header blocks
43   #External header blocks
44   $GH1ExternalH=unpack(H,substr($buf,31,1)).unpack(h,substr($buf,31,1));
45   #Fin de External header blocks
46   #Inicio de la lectura de variables como coordenadas de fuentes y receptores
47   #Coordenada Este de la fuente
48   $eastSource=unpack('B64',substr($buf,1180,8));
49   $signoEastSource=substr($eastSource,0,1);
50   $exponentEastSource=substr($eastSource,1,11);
51   $exponentEastSource=cnv($exponentEastSource ,2, 10 )-1023;
52   @arrayMantissaES=split('',substr($eastSource,12,52));
53   #ciclo para variables de 64 bits (floating)
54   for ($j=0;$j<42;$j++) {
55   $suma2=$suma2+($arrayMantissaES[$j]*2**(-1*($j+1)));
56   }
57   $ES=((-1)**$signoEastSource)*($suma2+1)*(2**$exponentEastSource);
58   #Fin de Coordenada Este de la Fuente
59   #Longitud de adquisición
60   $AL=unpack('B32',substr($buf,608,4));
61   $AL=cnv($AL,2,10);
62
63   #Fin de Longitud de adquisición
64
65   #Rata de muestreo
66   $SR=unpack('B32',substr($buf,612,4));
67   $SR=cnv($SR,2,10);
68
69   #Fin de Rata de muestreo
70
71   #Numero de trazas
72   $NT=unpack('B32',substr($buf,624,4));
73   $NT=cnv($NT,2,10);
```

```perl
74   #Fin de numero de trazas
75
76   #Numero de trazas auxuliares
77   $NAT=unpack('B32',substr($buf,620,4));
78   $NAT=cnv($NAT,2,10);
79   #Fin de numero de trazas auxiliares
80
81   #Numero de trazas muertas
82   $NDT=unpack('B32',substr($buf,628,4));
83   $NDT=cnv($NDT,2,10);
84   #Fin de numero de trazas muertas
85
86   #Punto de tiro
87   $ShotN=unpack('B32',substr($buf,644,4));
88   $ShotN=cnv($ShotN,2,10);
89   #Fin de punto de tiro
90
91   #Tiempo de pozo (uphole time)
92   $UHT=unpack('B32',substr($buf,676,4));
93   $UHT=cnv($UHT,2,10);
94   #Fin de tiempo de pozo
95
96   #Coordenada norte de la fuente
97   $northSource=unpack('B64',substr($buf,1188,8));
98   $signoNorthSource=substr($northSource,0,1);
99   $exponentNorthSource=substr($northSource,1,11);
100  $exponentNorthSource=cnv($exponentNorthSource ,2, 10 )-1023;
101  @arrayMantissaNS=split('',substr($northSource,12,52));
102  #ciclo para variables de 64 bits (floating)
103  for ($j=0;$j<42;$j++) {
104  $suma3=$suma3+($arrayMantissaNS[$j]*2**(-1*($j+1)));
105  }
106  $NS=((-1)**$signoNorthSource)*($suma3+1)*(2**$exponentNorthSource);
107  #Fin de coordenada norte de la fuente
```

```
108
109    #Elevación de la fuente
110    $ElevSource=unpack('B32',substr($buf,1196,4));#probando esta variable
111    $signoElevSource=substr($ElevSource,0,1);
112    $exponentElevSource=substr($ElevSource,1,8);
113    $exponentElevSource=cnv($exponentElevSource ,2, 10 )-127;
114    @arrayMantissa=split('',substr($ElevSource,9,23));
115    for ($i=0;$i<23;$i++) {
116    $suma=$suma+($arrayMantissa[$i]*2**(-1*($i+1)));
117    }
118    $elevation=((-1)**$signoElevSource)*($suma+1)*(2**$exponentElevSource);
119    #Fin de Elevación de la fuente
120    $NBytes=((($AL/$SR)*1000)+1)*4;
121    print "Numero de archivo (file): $GH1FN\n";
122    print "Julian Day: $GH1JD\n";
123    print "Hora: $GH1Time\n";
124    print "Channels per scan type: $GH1CPST\n";
125    print "Extended header blocks: $GH1ExtendedH\n";
126    print "External header blocks: $GH1ExternalH\n";
127    print "Coordenada Este de la fuente: $ES\n";
128    print "Coordenada Norte de la fuente: $NS\n";
129    print "Elevacion de la fuente: $elevation\n";
130    print "Longitud de adquisicion: $AL ms\n";
131    print "Rata de muestreo: $SR microseconds\n";
132    print "Numero de bytes per trace: $NBytes\n";
133    print "Numero de trazas: $NT\n";
134    print "Numero de trazas auxiliares: $NAT\n";
135    print "Numero de trazas muertas: $NDT\n";
136    print "Numero del shot: $ShotN\n";
137    print "Tiempo de pozo - Uphole time (microseconds): $UHT\n";
138    }
139    close IN;
140    close OUT;
141
```

```perl
142  sub calcula_size_traza {
143  open (IN,$InputFile);
144  binmode(IN);
145  if (read (IN,$buf,3000)) {  #Aqui hay que cambiar la cantidad de bytes a leer. no tiene sentido leerlos todos
146  #############GENERAL HEADER##########################################
147  #Rata de muestreo
148  $SR=unpack('B32',substr($buf,612,4));
149  $SR=cnv($SR,2,10);
150  #Longitud del registro
151  $TiempoReg=unpack(h,substr($buf,25,1)).unpack(H,substr($buf,26,1)).".".unpack(h,substr($buf,26,1));
152  $SizeTrace=(($TiempoReg*1024)/$SR)*4+20;
153  #Fin de longitud del registro
154  #Channels per scan type
155  $V1=unpack(H,substr($buf,28,1)).unpack(h,substr($buf,28,1));
156  #Fin de Channels per scan type
157  #Extended header blocks
158  $V2=unpack(H,substr($buf,30,1)).unpack(h,substr($buf,30,1));
159  #Fin de Extended header blocks
160  #External header blocks
161  $V3=unpack(H,substr($buf,31,1)).unpack(h,substr($buf,31,1));
162  #Numero de canakes
163  $STH1NC=unpack(H,substr($buf,72,1)).unpack(h,substr($buf,72,1)).unpack(H,substr($buf,73,1)).unpack(h,substr($buf,73,1));
164  #Numero de cables
165  $EXHNC=unpack(H,substr($buf,64+$V1*32+22,1)).unpack(h,substr($buf,64+$V1*32+22,1));
166  }
167  close IN;
168  }
```

La figura A2.1 muestra la salida del script.

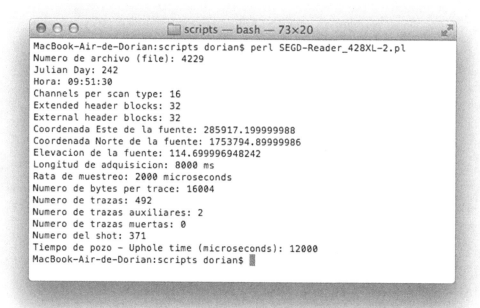

**Figura A2.1.** Salida del script A2.1

# Referencias

Robert D. Crangle, Jr. Log ASCII Standard (LAS) files for geophysical wireline well logs and their application to geologic cross sections through the central Appalachian basin. Open File Report 2007-1142 U.S. Department of the Interior U.S. Geological Survey (http://pubs.usgs.gov/of/2007/1142/)

http://www.tkdocs.com/